PASSE LIVRE

AS POSSIBILIDADES DA TARIFA ZERO CONTRA A DISTOPIA DA UBERIZAÇÃO

Daniel Santini

1ª edição

AUTONOMIA LITERÁRIA

FUNDAÇÃO ROSA LUXEMBURGO

DIS

TOPIA

Substantivo feminino.
Do grego *dys + topos + ia*.
Lugar ou estado imaginário em que se vive em condições
de extrema opressão, desespero ou privação; antiutopia
Qualquer representação ou descrição de uma organização social futura caracterizada
por condições de vida insuportáveis, com o objetivo de criticar tendências da sociedade
atual, ou parodiar utopias, alertando para os seus perigos.

Dados Internacionais de Catalogação na Publicação (CIP)
(eDOC BRASIL, Belo Horizonte/MG)

S235p
Santini, Daniel.
Passe livre: as possibilidades da tarifa zero contra a distopia da uberização / Daniel Santini. – São Paulo, SP: Autonomia Literária, 2019.
152 p. : 14 x 21 cm

ISBN 978-85-69536-59-8

1. Brasil – Política e governo. 2. Manifestações públicas – Brasil. 3. Mobilidade urbana. 4. Movimentos de protesto – Brasil. I. Título.

CDD 303.620981

Elaborado por Maurício Amormino Júnior – CRB6/2422

Coordenação editorial

Cauê Seginemartin Ameni, Hugo Albuquerque & Manuela Beloni

Preparação

Tulio Kawata

Revisão

Hugo Maciel de Carvalho

Capa

Rodrigo Corrêa

Diagramação

Vanessa Nicolav

Fundação Rosa Luxemburgo
Escritório Brasil - São Paulo
Diretor Torge Löding

Esta publicação foi realizada com o apoio da Fundação Rosa Luxemburgo e fundos do Ministério Federal para a Cooperação Econômica e de Desenvolvimento da Alemanha (BMZ)

SUMÁRIO

"Liberdade sem igualdade é exploração; igualdade sem liberdade é opressão. Solidariedade é a raiz comum da liberdade e da igualdade."

Michael Brie

PREFÁCIO

Para entender, de fato, a mobilidade urbana

Lucio Gregori[1]

A mobilidade urbana é um tema que ganha importância a cada dia. É um assunto complexo que envolve a vida cotidiana de milhões de pessoas no Brasil, mas que nem sempre é estudado com a profundidade ou abrangência necessárias.

A leitura do texto de Daniel Santini é uma oportunidade para isso. Seu trabalho, em todos os aspectos abordados relacionados à mobilidade, foge de análises superficiais. Suas considerações são sempre extensivas e detalhadas. Prefaciar este livro é uma honra.

Em nossa sociedade, é comum que a análise de questões intricadas seja contaminada por interesses econômicos e hoje existe um endeusamento de avanços tecnológicos, apresentados como solução mágica para múltiplos problemas sociais, entre os quais, a mobilidade urbana.

É por isso que as considerações neste texto, incluindo as sobre aplicativos de transportes, são importantes. Ao lê-lo para fundamentar o prefácio, me vieram à cabeça dados e reflexões relacionados.

Quem diria no começo do século passado, por exemplo, que as cidades se tornariam prisioneiras de sistemas baseados em mobilidade individual motorizada? Em 1900, no início da indústria automobilística, cerca de um terço dos carros conduzidos em Boston, Chicago e Nova Iorque eram elétricos. A venda de automóveis elétricos atingiu o pico em 1912, mas foi com o advento do Ford T, o início da produção em série e a expansão da indústria petrolífera, que a comercialização de carros com motor à explosão ampliou-se espantosamente. Em 1929, quando tal expansão ainda estava no início, quem imaginaria que as cidades acabariam prisioneiras de um modelo de mobilidade que, além de estar diretamente vinculado a índices monumentais de congestionamentos e

1 Lucio Gregori foi secretário de Serviços e Obras e secretário de Transportes da Prefeitura Municipal de São Paulo durante o governo de Luiza Erundina (1988-1992). À frente da pasta, propôs a adoção da tarifa zero na cidade em 1990. É engenheiro com pós-graduação em Mecânica dos Fluidos pela Escola Politécnica da Universidade de São Paulo (USP).

resultar em tantos atropelamentos e colisões, gera alto impacto ambiental, agravando a poluição, questão que afeta tantas cidades?

Lendo, lembrei-me de uma oportunidade em que, ao utilizar um desses aplicativos, me vi passando por ruas quase nunca utilizadas por automóveis. Para evitar congestionamentos e garantir deslocamentos mais rápidos, a tecnologia hoje determina que motoristas sigam rotas novas, espalhando o trânsito por toda a cidade. O modelo se aprofunda.

As novas dinâmicas são complexas e, assim, como mostra o texto de Santini, não bastam análises superficiais para compreendê-las. Infelizmente, são muitas as leituras que, fortemente influenciadas pela propaganda, exaltam inovações e reforçam *slogans* como os das "cidades inteligentes", sem considerar impactos sociais, entre os quais a precarização do trabalho.

Este livro, além da amplitude e seriedade, tem um sabor adicional por reunir exemplos concretos de cidades que têm transporte coletivo sem cobranças diretas. O autor viajou para conhecer ao vivo a experiência de Talim, capital da Estônia, e estudou a fundo a história da instituição da tarifa zero em Maricá, no Rio de Janeiro, casos que apresenta em detalhes.

Desde setembro de 2015, com a alteração do artigo 6º da Constituição Federal, o transporte passou a ser considerado um direito social. Devemos ignorar e considerar a mudança na lei como um mero preceito, uma referência sem efeito prático, ou já é hora de passar a uma discussão séria sobre sua regulamentação? Dada a gravidade dos problemas da mobilidade urbana, o texto de Santini é uma excelente base para reflexão. O que podemos fazer?

Então, se quiser compreender, de fato, o significado de muitas das questões que envolvem a mobilidade urbana, explorando informações detalhadas e referências bibliográficas, leia o texto a seguir.

APRESENTAÇÃO

Mobilidade como direito, não como serviço

A adoção da tarifa zero está entre as soluções mais interessantes para cidades, com potencial para melhorar o trânsito, o bem-estar e a qualidade de vida não só de quem usa as redes abertas, mas de toda a população. Este livro busca reunir ideias e exemplos de adoção de passe livre com o intuito de contribuir para a construção de políticas que valorizem o espaço público e os bens comuns. Sistemas baseados em tarifa zero podem ser mais eficientes, ecológicos e econômicos.

Políticas públicas de passe livre ou tarifa zero são aquelas em que se prevê o uso de transporte coletivo sem cobrança direta. A criação e manutenção de redes que permitam circulação livre e fácil de pessoas é o melhor caminho para reduzir congestionamentos e diminuir a poluição. Sistemas coletivos abertos e interligados com estruturas que facilitem a integração com outros modais, como ciclovias, zonas de pedestre, estações de armazenagem e/ou compartilhamento de bicicletas, ou mesmo bolsões para estacionamento de automóveis e motos, permitem deslocamentos diversificados e têm impacto positivo geral sobre a qualidade de vida.

A abolição da cobrança direta de tarifas pode ser combinada com outros mecanismos de desincentivo ao uso de automóveis e melhoria da qualidade das conexões. Em especial em metrópoles, onde os problemas de mobilidade são complexos, é preciso pensar em soluções integrais, que envolvam não uma saída, mas várias. Nesse sentido, cabe destacar que, mesmo quando não há passe livre, cidades em que o transporte público é acessível e eficiente tendem a ter menos filas de automóveis, fumaça, barulho e violência no trânsito. Algumas adotam o princípio da modicidade tarifária, operando com a passagem no valor mais baixo possível. A lógica é semelhante à da tarifa zero. Em ambos os casos, mais do que um serviço, transporte é entendido como um direito universal a ser garantido pelo Estado.

Nas cidades que priorizam a circulação de veículos motorizados privados, a dinâmica é diferente. Quando as soluções individuais prevalecem, o impacto sobre a mobilidade coletiva é maior. A lógica do cada um por si com seu carro ou moto costuma resultar em ruas entupidas, ar sujo e caos cotidiano naturalizado. Isso porque cinquenta pessoas tentando atravessar a cidade em veículos particulares ocupam mais espaço e provocam mais impacto do que o mesmo grupo utilizando transporte coletivo. Simples assim. É claro que há nuances e, ao se analisar qual o sistema de mobilidade ideal, devem-se observar aspectos locais como densidade populacional, adensamento e distância entre residências e postos de trabalho, entre outras variáveis.

Não é uma coincidência, no entanto, que metrópoles que tentam abrir espaço para veículos privados costumam tornar-se mais congestionadas. Entre as que apresentam piores resultados em índices de comparação, estão capitais que optaram e seguem insistindo em investir massivamente em expansão viária e construção de pontes, túneis, rodoanéis e alargamento de avenidas. Ano após ano, no topo de rankings de congestionamentos organizados por multinacionais como Inrix Global Traffic Scorecard e TomTom Traffic Index estão centros urbanos que contam com ampla infraestrutura viária voltada para automóveis. Não faltam exemplos concretos de políticas equivocadas.

Los Angeles, que hoje tem seis autoestradas consideradas as mais congestionadas dos Estados Unidos (as vias I-5, I-405, I-110, I-605, I-15 e I-210), por anos insistiu na política de tentar alargar e ampliar a capacidade de escoamento de veículos. Hoje, a lentidão é tão marcante que a cidade passou a ser considerada referência mundial de impactos de políticas rodoviaristas. Abrir mais e mais faixas alargando avenidas pode agravar em vez de melhorar o trânsito.

Mesmo cidades que têm redes de transporte público de massa tiveram problemas ao tentar ampliar o espaço para carros. Moscou, por exemplo. Yury Luzhkov, prefeito da capital russa entre 1992 e 2010, apostou no alargamento de avenidas e na abertura de anéis viários em série como solução para o crescente número de veículos privados em circulação. Durante sua gestão, o Anel Viário de Moscou (MKAD, sigla do nome em russo) foi alargado e passou de quatro para dez faixas. Com caráter de rodovia, o monstrengo criado contornando e cortando a cidade possibilitou que o número de veículos aumentasse e, em médio prazo, o trânsito piorou não só na região, mas nas áreas conectadas.

Bogotá (Colômbia), Cidade do México (México), Istambul (Turquia) e São Paulo (Brasil) também estão entre as cidades com redes coletivas capazes de conduzir um número considerável de passageiros, mas que sofrem com a ameaça de colapso em função de engarrafamentos diretamente ligados à existência de superestruturas de asfalto e concreto, como autopistas urbanas e elevados. Todas são metrópoles que figuram no topo dos índices globais de engarrafamentos.

Tomadas por automóveis, muitas das megacidades que seguem o modelo rodoviarista hoje sofrem com a sensação de paralisia, o sentimento permanente de frustração generalizada da população e a insatisfação com o transporte coletivo caro demais e/ou ineficiente. Foi em meio a essa carência quase desesperada por soluções de mobilidade que os aplicativos de intermediação de contratação de motoristas e entregadores surgiram no começo da década de 2010. O modelo de negócios baseado na precarização de trabalhadores e que se estrutura a partir da falta de regulamentação, restrições, taxação e regras, foi iniciado pela Uber em São Francisco em 2010, e expandido para Chicago e Nova Iorque em 2011. Índices de desemprego altos, com jovens procurando oportunidades, potencializaram a rápida expansão do sistema.

Em menos de uma década, a empresa se espalhou pelo mundo, ganhou concorrentes e contribuiu com uma massificação inédita do uso de veículos privados contratados para levar pessoas e mercadorias. Trabalhadores que antes tinham intervalos para aguardar clientes e encomendas agora circulam praticamente o tempo todo, uma corrida atrás da outra, por vezes cobrando menos do que o valor de passagens de ônibus e trens. Os traslados gerenciados por companhias de aplicativos consolidaram-se como uma tendência e passaram a ser vistos como luz no fim do túnel, saída inclusive para quem nunca teve condições de manter veículo próprio ou pagar os preços cobrados anteriormente por táxis.

Na lógica do transporte entendido como serviço e não como direito, os preços acessíveis, garantidos a partir da precarização das condições de trabalho, da ausência de taxas e normas mínimas para segurança e operação, fizeram com que muitos acreditassem que finalmente teriam acesso à infraestrutura viária que sempre beneficiou proprietários de carros e motos. A popularização dos aplicativos seria a maneira de equilibrar um sistema historicamente desigual, e, ainda que alicerçada na exploração de motoristas e entregadores, poderia beneficiar uma parcela da população que sempre teve que penar em ônibus e trens caros, superlotados e desorganizados.

O problema é que os aplicativos não mudam o paradigma injusto e ineficiente das cidades formatadas para priorizar a locomoção de veículos privados nem solucionarão a crise de mobilidade. Pelo contrário, a médio prazo, as plataformas digitais podem levar à superutilização de vias. O modelo de negócio consagrado pela Uber, a mais famosa multinacional do ramo, mas não a única, funciona de maneira parasitária sobre a infraestrutura urbana construída e mantida com recursos públicos. Se por um lado oferecem soluções imediatas de baixo custo para uma população desesperada para conseguir se locomover minimamente, por outro reforçam o entendimento de que mobilidade é algo comercializável, tornando a população refém de variações de preço conforme oferta e demanda em sistemas regulados sem transparência ou participação democrática.

O passe livre é uma tecnologia social capaz de democratizar de verdade o trânsito. O serviço de contratação via aplicativos, não. Abolir catracas é a maneira mais adequada e razoável de incentivar o uso de transporte coletivo, meio fundamental para garantir que tanta gente se locomova, em especial nas megacidades.

Em um primeiro momento, pode parecer difícil defender a ideia em um contexto em que a superlotação de trens, ônibus e metrô é regra e não exceção. Mas entender transporte como direito e não como serviço é justamente o primeiro passo para enfrentar a lógica de ter que operar linhas sempre no limite, com lotação máxima para garantir o equilíbrio no orçamento. É possível manter redes confortáveis e acessíveis baseadas em tarifa zero, basta alterar prioridades, redirecionar recursos e acabar com a dependência do pagamento direto da tarifa. Nas próximas páginas estão reunidas sugestões e exemplos de como isso pode ser feito. São muitas as alternativas à cobrança direta de passagens.

É melhor um formato em que o bem público é valorizado e o transporte é compreendido como um direito que deve ser oferecido de maneira universal, ou um sistema em que viagens individuais são priorizadas e comercializadas como serviços, com soluções privadas ofertadas conforme demanda do mercado? Contrapor essas duas concepções é também uma forma de explicitar diferenças entre dois padrões radicalmente opostos.

Políticas de tarifa zero podem ser uma saída muito mais razoável, racional e sustentável do que lotar as cidades de motoristas "empreendedores" sub-remunerados e sobrecarregados em um complexo que favorece a concentração de renda e impacta negativamente a mobilidade coletiva.

Mas como abolir catracas e instituir redes livres de transporte?

TALIM, A CAPITAL MUNDIAL DO TRANSPORTE PÚBLICO LIVRE

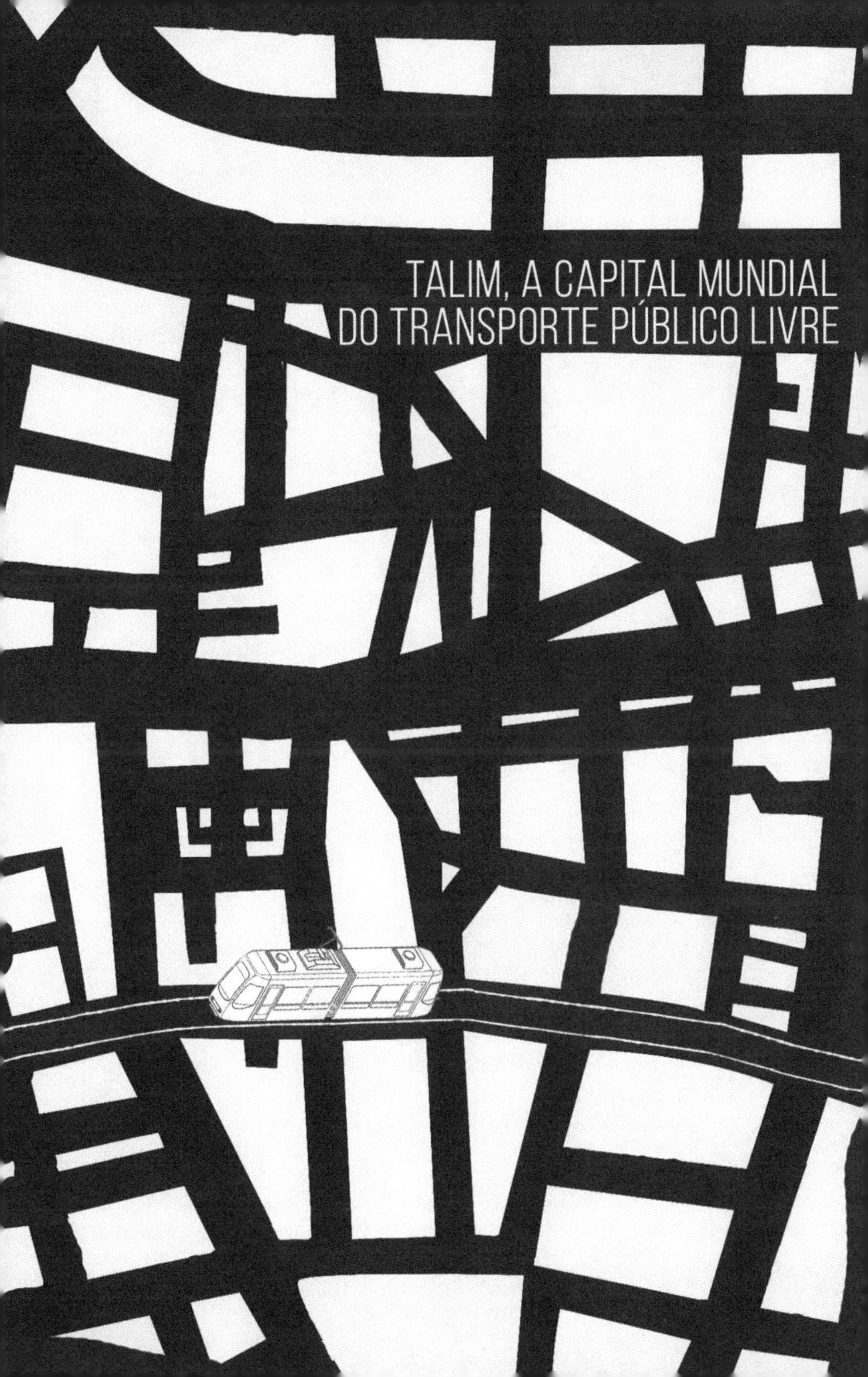

Talim, a capital mundial do transporte público livre

Quando se discutem políticas públicas de passe livre, o primeiro questionamento é em relação ao custo. Afinal, quem paga a conta? É possível pensar em sistemas abertos mesmo em capitais? Ou seria essa uma fantasia restrita a povoados, aldeotas e cidadezinhas do interior, com redes de transporte que normalmente limitam-se a poucas linhas de ônibus?

A principal referência mundial é Talim, capital da Estônia, um dinâmico polo econômico e cultural que, apesar de manter um centro medieval bem preservado, com vielas, escadarias e muralhas, está longe de ser um vilarejo. É uma cidade com 453 mil habitantes que adotou tarifa zero em 2013 após realização de um referendo em que 75% dos participantes se mostraram favoráveis à ideia. A estimativa é que 20% dos moradores participaram da votação e, desde então, a utilização do sistema composto por bondes, ônibus e trólebus é livre para os residentes. Trata-se de um caso com muitas particularidades e, exatamente por isso, pode ser um bom ponto de partida para um olhar cuidadoso sobre transporte público sem cobranças diretas.

A Estônia é uma antiga república soviética, com 1,3 milhão de habitantes e posição geopolítica estratégica. Sua costa margeia a ligação do Mar Báltico com o Golfo da Finlândia, principal rota de acesso marítimo a São Petersburgo, segunda maior cidade russa, com 4,4 milhões de habitantes. Talim em si fica na margem oposta a Helsinque, capital da Finlândia, servindo como um ponto de conexão entre o leste da Europa, os países nórdicos e a Rússia. Nas duas últimas décadas o país firmou-se como referência regional combinando serviços públicos de qualidade com políticas de inovação, incluindo a digitalização da administração política e de ferramentas comerciais. Procurando tornar-se referência em tecnologia, o governo adotou, por exemplo, um programa agressivo de residência digital para atrair *startups* e empreendedores, e passou a contar com uma infraestrutura avançada de governo virtual. Com isso, pessoas de qualquer lugar do mundo podem abrir uma empresa na Estônia, autenticar documentos, declarar impostos e trabalhar com bancos públicos do país. Ter uma residência digital permite acessar serviços e formalizar transações mesmo à distância.

Foi nesse contexto que o passe livre foi instituído em 2013. A prefeitura local, comandada pelo Eesti Keskerakond (Partido de Centro da Estônia), instituiu a tarifa zero e passou a apresentar a cidade internacionalmente como Capital do Transporte Público Livre. Organizou fóruns internacionais para debater modelos em 2012, 2013 e 2018, e passou a investir na articulação de uma rede de pesquisadores, acadêmicos e políticos de diferentes países interessados no tema. Promoveu a novidade valorizando tanto os aspectos sociais, como a garantia do direito de mobilidade para desempregados e pessoas de baixa renda, quanto ambientais, com destaque para a preocupação em desestimular o crescente uso de automóveis.

A conferência realizada em 2018, intitulada Transporte Público Livre para Todos: Sonho e Realidade, fez parte da Semana Verde do Parlamento Europeu, onde, um ano antes, representantes da cidade estiveram em uma conferência defendendo a ideia. Também já aconteceram encontros com participação de representantes de Talim em Berlim (Alemanha), Toronto (Canadá) e Żory (Polônia) em 2014, em Avesta (Suécia) em 2015, em Grenoble (França) em 2016, em Bruxelas (Bélgica) em 2017 e em Dunquerque (França) em 2018. Os debates costumam abrir espaço para compartilhamento de planos e experiências concretas, incluindo trocas sobre fórmulas possíveis, com participação de prefeitos e autoridades locais.

Em Talim, para viabilizar a mudança, a prefeitura condicionou o benefício ao registro de residência na cidade. A estratégia garantiu recursos para implementação e manutenção do sistema, e resultou em superávit no orçamento municipal. Em vez de prejuízo por abrir mão das tarifas, a cidade passou a contar com uma receita ainda maior. "O que fizemos foi encontrar uma maneira de motivar os moradores que viviam na cidade, mas não estavam registrados, a atualizar seus cadastros. Com isso, ampliamos a base de contribuintes e aumentamos a receita", explica Allan Alaküla, chefe do Escritório de Talim para a União Europeia e um dos principais responsáveis pelas articulações internacionais da cidade em defesa do passe livre.

Segundo ele, de 2012 até 2018, mais de 36 mil pessoas regularizaram seus cadastros, o que gerou uma receita anual extra de 36 milhões de euros. Para efeito de comparação, Alaküla aponta que, em 2012, a população gastava cerca de 12 milhões de euros por ano com passagens. Ou seja, com os novos registros de moradores, a prefeitura conseguiu uma receita superior à arrecadada com as cobranças diretas.

A prefeitura abriu mão das cobranças para residentes, mas não aboliu de vez o controle de uso, feito por meio de cartões e sensores. Assim, apesar de não pagar nada, quem viaja precisa validar um tíquete ao embarcar. Não há catracas nem barreiras físicas de acesso, apenas o monitoramento eletrônico, o que é comum na Europa. A fiscalização, nesses casos, se dá por amostragem, com verificações aleatórias e multas pesadas para quem estiver viajando sem o tíquete validado. Em Talim, o passe livre passou a ser universal para a população local, mas turistas e moradores de outras cidades ainda precisam pagar, por isso o controle foi mantido. Além disso, os dados sobre utilização do sistema permitem planejar e adequar as linhas, conforme tendências de utilização.

Junto com a adoção da tarifa zero, a prefeitura promoveu medidas para promoção do transporte público e desincentivo ao uso de carros, entre as quais a criação de novas faixas exclusivas de ônibus e o aumento do preço do estacionamento nas ruas, em especial na região central. A estratégia deu certo e a cidade conseguiu frear uma tendência de duas décadas de declínio no uso dos coletivos e de expansão do uso de automóveis.

Em comparação com outras capitais, antes mesmo da implementação dessa política, Talim já contava com uma quantidade de usuários de transporte público bastante elevada. A estimativa é que 40% da população utilizava as redes anteriormente, e boa parte não pagava tarifas, entre os quais estudantes e pessoas com mais de 65 anos. Esses dois fatores precisam ser considerados ao se tentar auferir o impacto da novidade. A prefeitura esperava que, com o fim das cobranças diretas, o uso aumentaria em 15%. O crescimento, porém, foi inferior a 10%, segundo Alakülla, que associa o número abaixo da expectativa justamente ao fato de a cidade, como apontado, já ter um número respeitável de usuários de transporte público, dos quais muitos contavam com tarifa zero antes de a prática ser universalizada.

Oded Cats, Triin Reimal e Yusak Susilo, pesquisadores do Instituto Real de Tecnologia de Estocolmo, na Suécia, que analisaram os dados sobre viagens fornecidos pela prefeitura no estudo de caso "Public Transport Pricing Policy: Empirical Evidence from a Fare-Free Scheme in Tallinn"[2] (Políticas de cobrança de transporte público: evidência empírica do sistema livre de cobranças de Talim), também consideram esses dois fatores como fundamentais para a compreensão dos números. Eles estimam que houve um crescimento de apenas 1,2% do número de usuários de transporte público, e, apesar de o índice ser relativamente baixo, apontam que a política pode ser considerada um sucesso por ter freado a tendência de migração de usuários para o transporte privado, evitando assim a redução da parcela da população que usa o transporte público.

A fórmula utilizada por Talim não é uma receita pronta a ser aplicada em qualquer local, mas pode servir como referência importante, em especial quando se questiona a possibilidade de adotar políticas de passe livre em cidades com centenas de milhares de habitantes. Ao mesmo tempo que os custos para manter redes de transporte complexas são maiores, as receitas oriundas de impostos pagos por moradores são consideravelmente maiores também. No fundo, trata-se de um problema de gerenciamento de recursos.

Taavi Aas, ex-prefeito de Talim e atual ministro de Assuntos Econômicos e Infraestrutura da Estônia, defende que é importante o intercâmbio de experiências na busca por soluções para o transporte. "Não existe uma definição pronta para transporte público livre ainda, então os objetivos com essa política podem ser bastante diferentes. Nosso conselho seria observar a experiência de outras cidades, falar mais com quem fez na prática e acreditar menos nos teóricos. Passe livre é definitivamente uma política que exige coragem, mas há um grande número de exemplos de sucesso de cidades de diferentes tamanhos, condições climáticas, contextos culturais e abordagens ideológicas. Portanto, não vemos nenhuma razão para excluir a tarifa zero das opções de políticas públicas. Ao que tudo indica, o que há de mais universal no passe livre é o fato de que as pessoas aprovam a medida em todos os locais

2 Todos os estudos e referências mencionados estão listados na bibliografia ao final do livro. O autor optou por não utilizar notas de rodapé, procurando detalhar cada referência no próprio texto, de modo a facilitar a leitura. Mesmo assim, houve o cuidado de reunir e disponibilizar *links* e informações que possibilitam um aprofundamento sobre pesquisas acadêmicas, publicações, artigos de jornais e reportagens.

onde ela foi aplicada", lembra. A declaração é parte da entrevista concedida pelo político ao livro *Free Public Transit: and Why We Don´t Pay to Ride Elevators* (Trânsito público livre: e por que não pagamos para andar de elevador), de Jason Prince e Judith Dellheim, na qual ele detalha um pouco mais o estabelecimento do passe livre em Talim.

No caso da Estônia, a experiência na capital foi considerada tão promissora que outras regiões passaram a considerar a adoção do modelo até que, em 1º de julho de 2018, o país oficializou uma política nacional de passe livre com o objetivo de garantir transporte público sem custos para toda a população, cerca de 1,3 milhão de pessoas. De saída, onze dos quinze condados aderiram ao programa, se disponibilizando a adotar prontamente políticas de tarifa zero universal. Faltaram quatro, que podem se juntar aos demais futuramente. O país caminha para tornar-se o primeiro a adotar a tarifa zero universal como política nacional.

PASSE LIVRE EM SÃO PAULO

Passe livre em São Paulo

As políticas de passe livre também são conhecidas como políticas de tarifa zero. Evita-se falar em transporte público gratuito porque, apesar de não haver cobranças, não se trata de um serviço sem custos. "Não é transporte de graça, é o transporte pago indiretamente pelo conjunto da sociedade segundo regras de pagamento de recursos para prover esse serviço de acesso realmente universal", explica o engenheiro Lucio Gregori, ex-secretário municipal de Transportes de São Paulo e um dos primeiros a defender o passe livre no Brasil. Ele é autor da apresentação deste livro e é considerado referência na discussão sobre o tema. No exterior, é comum o uso da sigla FFTP, designando *fare-free public transport/transit*, ou transporte/trânsito público livre de cobrança.

A fórmula encontrada por Talim não é a única. Os recursos podem ter diferentes fontes, desde impostos indiretos distribuindo o custo para toda a sociedade, até cobranças sobre setores específicos que se beneficiam das redes coletivas, como a indústria e o comércio, por exemplo.

Há diferentes possibilidades, mas a ideia central é de que, conforme defende o sociólogo e cientista político João Alexandre Peschanski, "a tarifa zero se justifica, nesses termos econômicos, se o preço total dos impactos sociais positivos for tomado como a base para o pagamento público das tarifas de cada usuário. Dentre os impactos positivos está a drástica diminuição dos custos sociais relacionados à poluição e ao trânsito quando o meio de transporte principal é o automóvel individual. A contaminação do ar ocasiona doenças respiratórias e, consequentemente, gastos médicos para o cidadão e o Estado". A citação é do seu artigo "O transporte público gratuito, uma utopia real", publicado no livro *Cidades rebeldes: passe livre e as manifestações que tomaram as ruas do Brasil*, da Boitempo Editorial.

Peschanski argumenta que é preciso comparar os impactos negativos do transporte motorizado individual com os efeitos positivos do transporte coletivo no cálculo para estimar o custo de cada modelo para a sociedade. Ele é autor também do artigo "O passe livre no Brasil e a sociologia das possibilidades", que faz parte do livro *Demodiversidade: imaginar novas possibilidades democráticas*, organizado pelos acadêmicos portugueses José Manuel Mendes e Boaventura de Sousa Santos.

No artigo, em que apresenta resultados de pesquisa de campo sobre tarifa zero em Agudos (SP) e Tijucas do Sul (PR), ele aprofunda essa ideia: "O transporte público deve ser entendido como um bem público, que beneficia portanto mesmo as pessoas que não fazem uso de modais coletivos. Os usuários de transporte público beneficiam toda a sociedade, pois mantêm baixos os custos sociais relacionados ao transporte (poluição, trânsito). Cobrar tarifas pelo uso do transporte público pode ser interpretado, então, como uma injustiça econômica: por mais que o serviço beneficie a todos, só uma parcela dos beneficiados paga por ele. De certo modo, cobrar pelo transporte público se torna uma exploração dos usuários pelos não usuários. Os gastos do sistema de transporte coletivo deveriam ser partilhados pelos beneficiados, ou seja, divididos entre todos os cidadãos."

No Brasil, foi o engenheiro Gregori, durante sua gestão à frente da Secretaria Municipal de Transportes de São Paulo, quem tomou a iniciativa de colocar em prática alguns conceitos relacionando democracia e mobilidade, procurando distribuir os custos entre toda a sociedade. Ao tentar introduzir o passe livre como política pública em São Paulo durante sua gestão, no final da década de 1980, ele promoveu mudanças significativas no modelo usado para definir as tarifas, influenciando a maneira como o cálculo é feito até hoje.

Como um primeiro passo, defendeu que os custos operacionais deveriam ser pagos não somente com a receita da tarifa, mas também com subsídios. Hoje, essa é uma premissa comum não só no Brasil, mas em todo o mundo. Tal cuidado ajuda a tornar os sistemas minimamente acessíveis e também a conter o aumento do preço das tarifas cobradas conforme variações pontuais de custos de operação, como aumentos de combustíveis.

No caso de São Paulo, além de recursos da administração, Gregori defendeu e tentou instituir impostos específicos sobre o setor privado. Na época, chegou a propor um fundo público, o Fundo de Transporte, com o qual as empresas também teriam que contribuir, já que dependem do deslocamento de trabalhadores para funcionar. Enfrentou forte resistência e não conseguiu levar o projeto adiante, mas, mesmo boicotado, pôde estabelecer bases para um sistema subsidiado, regras que garantem que as variações de gastos não resultem em aumentos automáticos nas tarifas.

Para compreender melhor a tentativa de adoção do passe livre em São Paulo e por que a experiência não deu certo, vale ter em mente o contexto da época e analisar, ainda que brevemente, a história do sistema de transportes de São Paulo em si. Como muitas outras metrópoles da América Latina, a cidade é enorme e se desenvolveu rapidamente sem planejamento urbano adequado – em algumas áreas, sem planejamento nenhum. Na década de 1950, tornou-se a mais populosa no país. Em 1960, o número de habitantes chegou a 3.825.351, mais do que os 3.307.163 do Rio de Janeiro, que até aquele ano era a capital do país.

A estrutura administrativa federal pode ter sido transferida para Brasília em 1960, mas a capital econômica continuou sendo São Paulo. Em 1980, a cidade já tinha mais de 8,5 milhões de habitantes e uma infraestrutura de transporte que, construída na lógica da Ditadura (1964-1985), poderia ser qualquer coisa, menos democrática. Os investimentos foram feitos principalmente para tentar reduzir congestionamentos, aumentar a velocidade de fluidez e beneficiar o transporte individual. As avenidas que pipocaram por todos os cantos, porém, arrasaram com vizinhanças inteiras e forçaram pessoas a se mudar para mais longe, alimentando um ciclo sem fim de expansão sem planejamento e de congestionamentos massivos.

Obviamente, quanto maior a distância entre residência e trabalho, maior o tempo perdido em deslocamentos diários e, quando o governo não investe em transporte público, ter um veículo privado torna-se praticamente uma necessidade. Mais carros geram mais trânsito, que leva à pressão pela expansão de avenidas. Asfalto e concreto se espalham, enquanto as pessoas são empurradas cada vez mais para a periferia.

De acordo com o censo oficial, em 1991 havia praticamente 10 milhões de pessoas vivendo em São Paulo. Em 2018, a população da capital já passava de 12 milhões, isso sem contar com os moradores da região metropolitana, em uma mancha urbana que concentra 21,5 milhões de pessoas. Em São Paulo, os municípios vizinhos são praticamente uma extensão da cidade, numa das maiores conurbações do planeta. Mas voltemos ao começo dos anos 1990. Em 1988, Luiza Erundina foi eleita prefeita, a primeira mulher a assumir o cargo. Foi durante sua administração, entre 1989 e 1993, que a ideia de criar um sistema de transporte livre ganhou força.

Erundina nomeou Lucio Gregori como seu secretário de Transportes e os dois começaram a trabalhar juntos tendo como base a ideia de que uma cidade do porte de São Paulo não funcionaria sem uma rede de transporte público de qualidade e eficiente. Considerando, como apontado, que quem mais se beneficia com a melhoria e manutenção de tal infraestrutura seriam as empresas e indústrias, traçaram as bases para a criação do já mencionado Fundo de Transporte, com o qual tanto a administração pública quanto as empresas privadas teriam que contribuir. Ao mesmo tempo, propuseram a revisão dos contratos já existentes entre companhias de ônibus e a cidade, junto com outras modificações na cobrança de impostos relacionados, incluindo a destinação de parte do Imposto Predial e Territorial Urbano (IPTU), que aumentaria para ajudar a custear o fundo.

O plano era ousado e tinha tudo para mudar de maneira estrutural a mobilidade da metrópole. O erro de cálculo, porém, talvez tenha sido em relação à resistência que enfrentariam por parte de opositores e até mesmo de possíveis aliados. Antes mesmo de a ideia começar a sair do papel, Erundina e Gregori passaram a enfrentar uma campanha difamatória com ataques praticamente diários na imprensa. Industriais, proprietários das empresas de ônibus que seriam afetadas e donos de jornais e redes de TV articularam uma frente de oposição poderosa e fizeram de tudo para classificar a proposta como irresponsável. As críticas incluíam argumentos como o de que trens e ônibus ficariam cheios de moradores de rua, que serviços sem cobrança são sempre de baixa qualidade e que pessoas nunca valorizam o que é de graça. Até mesmo a ideia de que, por serem abertos, tais sistemas seriam vandalizados pelos usuários foi elencada.

A pressão deu resultado. Sem maioria na Câmara Municipal, Erundina não conseguiu o apoio necessário para seguir adiante. Mesmo entre integrantes do Partido dos Trabalhadores (PT), seu partido na época, ela enfrentou resistência. A edição de 17 de outubro de 1990 do caderno *Tribuna de Debates*, intitulado *Debates sobre o Projeto Tarifa Zero*, uma publicação promovida pelo partido para estimular a discussão interna de políticas públicas, ajuda a compreender a dimensão da divisão em torno do tema.

A proposta recebeu críticas duras de correligionários e chegou a ser classificada como uma "aventura em termos de exequibilidade e sucesso" em artigo escrito por Carlos Alberto Zarattini, então secretário-geral do Sindicato dos Metroviários. Zarattini, eleito vereador, deputado estadual e deputado federal por quatro mandatos seguidos, tornou-se uma das principais figuras do PT no estado e chegou a ser ele mesmo secretário municipal de Transportes durante a gestão da prefeita Marta Suplicy (PT, de 2001 a 2005). Deixou a pasta em meio a troca de acusações e denúncias ao entrar em rota de colisão com donos de empresas de ônibus.

De dez artigos da publicação, além do texto de apresentação em nome da Comissão Executiva Municipal e da introdução escrita pelo próprio Lucio Gregori, há apenas três com uma defesa clara e direta do projeto: o de Paul Singer, então secretário municipal de Planejamento, o de Carlos Henrique Árabe, da Comissão Executiva Municipal, e o de Valério Arcary, do Diretório Nacional do PT. Os outros cinco reúnem reclamações que vão do inconformismo em relação a alterações na cobrança de IPTU à indignação porque a proposta foi apresentada sem consultas internas prévias no partido. Singer, economista que faleceu em 2018 aos 86 anos e foi um dos teóricos da economia solidária no Brasil, em seu texto listou e procurou responder de maneira peremptória aos críticos da proposta.

Considerado um dos principais intelectuais vinculados ao PT, o homem que ocupou de 2003 a 2016 o cargo de secretário da Secretaria Nacional de Economia Solidária (Senaes) do Ministério do Trabalho e Emprego, escreveu em defesa do projeto da prefeitura: "O fundamental é que o gasto a mais com ônibus não se fará pela diminuição do gasto com outros setores mas pelo aumento dos impostos diretos. E, finalmente, não há outra opção: ou introduzimos a tarifa zero, com melhoria de transporte, cobrindo seu custo, ou continuamos cobrando tarifas excessivas para o trabalhador e insuficientes para melhorar o serviço. A tarifa zero não é uma tarifa muito subsidiada mas uma ruptura radical com a mercantilização de um serviço essencial."

Minada externa e internamente, mesmo com argumentos visionários como o de Singer, a tentativa de instituir a tarifa zero na maior cidade do Brasil não deu certo. A experiência, contudo, virou referência e fonte de inspiração para políticas e iniciativas pelo direito à mobilidade. Até hoje, em São Paulo, o sistema é subsidiado com recursos públicos, e isso tem a ver com as discussões daquela época. Ainda que não tenha sido estabelecida uma taxa adicional para empresas e indústrias, as que mais se beneficiam da infraestrutura existente, como pretendia o ex-secretário, foram estabelecidas bases para avanços.

Anos depois, em diferentes entrevistas, Erundina apontou a questão do transporte como a mais difícil, complexa e desafiadora de sua administração. Ela deixou o PT e hoje faz parte do Partido Socialismo e Liberdade (Psol). Lucio Gregori passou a ser considerado o principal teórico sobre políticas públicas de passe livre no Brasil e recebeu inúmeras homenagens por parte do Movimento Passe Livre nos últimos anos.

Até hoje, ele recorda a falta de apoio na época e associa a visão limitada de parte do PT sobre a importância do transporte coletivo e o potencial de reduzir desigualdades com a adoção da tarifa zero a erros cometidos durante o período em que o partido esteve no poder. Durante o debate "Tarifa zero: perspectivas e exemplos de políticas de passe livre no Brasil e no mundo", realizado durante o Fórum Social Mundial, que aconteceu em Salvador de 13 a 17 de março de 2018, ele mencionou, como um exemplo de política equivocada do partido, a redução do Imposto sobre Produtos Industrializados (IPI) para a indústria automotiva, um subsídio despropositado para estimular o transporte motorizado privado.

Gregori associa os benefícios ao setor à perspectiva comum dentro do partido de associar ascensão social ao aumento da capacidade de consumo. Ou seja, a ideia de que, para "subir na vida", as pessoas precisariam ganhar bem o suficiente e, assim, pagar por um transporte de qualidade ou comprar carros. Segundo conta, mesmo o ex-presidente Luiz Inácio Lula da Silva nunca se entusiasmou com políticas de passe livre. O ex-secretário de Transportes de São Paulo lamenta e defende que mudanças só acontecerão se houver uma profunda transformação das formas de produção e apropriação de riqueza, não limitada a ampliar o consumo. Sem ela, apenas frações da sociedade poderão ter acesso à cidadania plena, argumenta, reiterando que a mobilidade deve ser entendida como um direito e não como um serviço. Mais do que um tema técnico, defende Gregori, a mobilidade deve ser entendida como uma questão política.

Porque compreender o transporte como um mero negócio é aceitar que é legítimo lucrar sobre os direitos de mobilidade de outros.

O PAÍS EM QUE OS IDOSOS NÃO PAGAM TARIFA

O país em que idosos não pagam tarifa

Além da fonte de recursos, o formato das políticas de passe livre também variam. Elas podem ser universais ou parciais, considerando que a tarifa zero pode ser adotada para atender apenas parte do público, funcionar somente em parte da rede ou estar limitada a determinados horários. Além dos três fatores (quem, onde e quando), o geógrafo polonês Wojciech Kębłowski, acadêmico que procura mapear experiências de passe livre em todo o mundo, propõe que, para que um sistema seja considerado universal, ele deve estar vigente por ao menos doze meses. Com base nesses critérios e em levantamentos feitos por pesquisadores que estudam o tema em todo o planeta, ele estima que hoje há cerca de cem cidades no planeta com passe livre universal.

No Brasil, apesar de haver poucas cidades com passe livre universal, são comuns as políticas parciais em que pelo menos parte do público fica isento de pagar tarifas. Um exemplo é o transporte com tarifa zero para pessoas com mais de 65 anos, que vale para todo o país, conforme determinado no artigo 230 da Constituição Federal. Tal direito também é assegurado no artigo 39 do Estatuto do Idoso, como é conhecida a Lei n. 10.741, de 1º de outubro de 2003, que prevê a possibilidade de o benefício ser estendido também para pessoas com mais de 60 anos a partir de ajustes na legislação local.

Essa é uma conquista considerável que deve ser valorizada. Garantir mobilidade para essa faixa etária é uma forma de incentivar quem não está mais no mercado de trabalho a sair de casa e seguir ativo. Em boa parte da Europa, da América do Norte e de outras regiões consideradas prósperas, tal benefício não existe. É no Brasil que quem tem mais idade não paga para usar transporte público.

Há também outras políticas de passe livre parcial - como as que atendem estudantes, portadores de necessidades especiais, pessoas de baixa renda e integrantes de determinadas categorias profissionais, como carteiros, policiais e bombeiros, entre outras. Ou ainda, como já indicado, as que incluem dias e horários específicos ou áreas limitadas. As regras variam de região para região e, normalmente, os benefícios são conquistas relacionadas à pressão social.

O passe livre estudantil, por exemplo, pode ser considerado resultado de manifestações de jovens de variadas partes, mobilização que ganhou força na década de 2000 e que foi se espalhando até culminar, em janeiro de 2005, na fundação do Movimento Passe Livre. A criação de uma frente nacional de defesa da tarifa zero foi oficializada em plenária realizada no V Fórum Social Mundial, realizado em Porto Alegre. O MPL nasceu como um movimento social autônomo, apartidário e horizontal, características que mantém até hoje. Menos de uma década depois, o movimento ganhou destaque nacional e internacional quando, em junho de 2013, teve papel decisivo em impulsionar mobilizações e protestos contra aumentos da tarifa em diversos municípios e em defesa do passe livre universal.

O MPL firmou-se como principal movimento social de defesa do transporte coletivo do planeta. As manifestações, que ficaram conhecidas como Jornadas de Junho, reuniram centenas de milhares de pessoas nas principais capitais, frearam os aumentos e colocaram a adoção da tarifa zero em debate nacional pela primeira vez.

Foi a principal mobilização em defesa de transporte coletivo da história do Brasil, mas não a única. "Revolta por transporte nunca saiu de moda no Brasil. Desde que as cidades se transformaram em espaços grandes, inchados, tem revolta. Teve a Revolta do Vintém, a Revolta das Barcas, a Revolta do Buzu, a Revolta da Catraca", lista Mayara Vivian, uma das integrantes do MPL. A Revolta do Vintém ocorreu entre 28 de dezembro de 1879 e 4 de janeiro de 1880 e foi motivada pelo anúncio do aumento da cobrança do preço dos bondes do Rio de Janeiro, então capital do Império. A Revolta das Barcas aconteceu em 22 de maio de 1959 e está relacionada a problemas de administração do serviço hidroviário que conecta Niterói ao Rio de Janeiro, estatizado após o episódio. A do Buzu foi em agosto de 2003 em Salvador e a da Catraca em 2004 e 2005 em Florianópolis, ambas motivadas por aumentos de passagens.

"Lutar contra aumentos abusivos não é algo que o MPL inaugurou, revoltas por transporte já eclodiam antigamente e é preciso olhar mais para trás para olhar mais para a frente. A gente sempre pautou, mas depois de 2013 conseguiu colocar [o passe livre] na ordem do dia, houve um amadurecimento", pondera a integrante do movimento. Ela participou do debate "Junho de 2013: cinco anos depois, o que ficou?", em 2018, como parte do evento Junho Sendo, uma série de discussões sobre as consequências das manifestações.

Fazer um balanço do Junho de 2013 não é algo simples.

Por um lado, além de ajudar a frear o aumento das tarifas e chamar a atenção para a proposta de tarifa zero, os protestos influenciaram na aprovação em 2015 da proposta de Emenda Constitucional que inclui o transporte entre os direitos sociais que devem ser garantidos pelo Estado. Apresentada em 2011 pela ex-prefeita e agora deputada federal Luiza Erundina, a iniciativa alterou o artigo 6º e colocou a mobilidade no mesmo patamar que os direitos à alimentação, à saúde, à habitação e à educação, um passo importante para a fundamentação de políticas públicas e base legal para demandas futuras. A pressão social hoje é pela regulamentação de tal direito, que pode incluir a criação de fundos específicos para subsidiar e garantir acesso ao transporte. Erundina, desde que deixou a prefeitura de São Paulo, foi eleita seis vezes seguidas deputada federal, a última pelo Partido Socialismo e Liberdade (Psol).

Por outro, a mobilização teve também impactos políticos e afetou principalmente o Partido dos Trabalhadores (PT). O governo da então presidenta Dilma Rousseff (PT) não soube lidar com um movimento horizontal sem líderes, com uma pauta concreta radical e amplo apoio popular. "A gente conseguiu também pautar a luta por outra forma de fazer manifestação e se organizar. Ter tambor em vez de carro de som, com todo mundo compondo organicamente, de maneira plural, sem precisar esperar nada de ninguém para se organizar", lembra Mayara Vivian.

A revolta autônoma desestabilizou ainda mais a já frágil aliança do Partido dos Trabalhadores (PT) com políticos conservadores, coalizão que era a base do governo Dilma. Enfraquecida, ela acabou deposta em 2016 por um golpe parlamentar articulado por seu vice, Michel Temer, do Partido do Movimento Democrático Brasileiro (PMDB, hoje apenas MDB). Os protestos podem ser considerados um sucesso por terem freado a escalada no preço do transporte nas principais metrópoles do Brasil, mas, justamente por terem abalado o governo e aberto caminho para a ascensão ao poder de grupos reacionários, são vistos até hoje com ressalvas por parte do PT e forças aliadas ao partido. O MPL incomoda por não ter líderes ou estrutura hierárquica, e pela posição radical de não fazer concessões quando o assunto é a defesa do transporte coletivo.

O grupo político que acabou afastado do poder critica o MPL pela falta de abertura para diálogo e pela radicalidade. A rejeição a lideranças e a qualquer tentativa de organização com um mínimo de centralismo é vista por muitos como o fator que permitiu que grupos conservadores ultranacionalistas tomassem as ruas após junho de 2013. Os integrantes do movimento, ao contrário, apontam que foi a tentativa dos governantes de conter a revolta desqualificando e reprimindo em vez de negociar e atender demandas que levou à radicalização e colapso do governo. O fato é que, isolado e criticado, o MPL perdeu força nos últimos anos. Além das críticas da esquerda, o grupo teve que lidar também com perseguições de setores mais conservadores, incluindo a criminalização de parte de seus membros. A repressão nos protestos do MPL é maior do que nas demais mobilizações há anos e isso se intensificou.

Em São Paulo, no início de 2019, como uma reação a mais protestos do movimento contra novo aumento do preço de passagens, o governador João Doria (PSDB) estabeleceu, por meio do Decreto n. 64.074, regras que praticamente inviabilizam atos no estado. Ele determinou que qualquer manifestação com mais de trezentas pessoas deve ser informada com no mínimo cinco dias de antecedência por meio de um formulário em que responsáveis devem ser identificados. A rota deve ser determinada previamente em acordo com a polícia e jamais pode interromper o trânsito de automóveis.

Também proibiu o uso de máscaras ou qualquer proteção no rosto e a posse de objetos que possam ser usados como armas, incluindo cabos de bandeiras. As regras, utilizadas até agora praticamente somente contra o MPL, foram consideradas inconstitucionais pelas organizações de defesa de direitos Artigo 19, Conectas Direitos Humanos, Conselho Estadual de Direitos da Pessoa Humana, Instituto Brasileiro de Ciências Criminais e Instituto Terra, Trabalho e Cidadania, que, juntas, apresentaram denúncia por escrito para Clement Voule, relator especial da Organização das Nações Unidas sobre Liberdade de Associação e Reunião Pacífica.

Junto com as limitações impostas, vieram modificações no Protocolo de Operação Padrão da Polícia Militar. Se os manifestantes ficaram proibidos de cobrir o rosto, os policiais passaram a atuar mascarados e trocaram as etiquetas com nomes e números de identificação por um código alfanumérico difícil de memorizar. Além disso, todo protesto do MPL passou a ser vigiado com câmeras e transmitido ao vivo via Twitter pela Polícia Militar, com comentários que procuram estigmatizar e desqualificar as reivindicações. Mesmo a mediação instituída é feita por militares e serve apenas para comunicar ordens para os manifestantes, sem possibilidade de diálogo; não existe espaço real para negociação durante uma marcha.

A quantidade de policiais destacados para acompanhar cada ato é impressionante e, não raro, supera a de manifestantes. Durante as caminhadas, em vez de repressão generalizada por parte da Tropa de Choque, como acontecia anteriormente, agora policiais da Companhia de Ações Especiais da Polícia selecionam pessoas aleatoriamente e as arrastam para longe das demais, para "averiguação". Integrantes do MPL relatam provocações constantes, incluindo agressões e disparos de bala de borracha. Os ataques são, ainda de acordo com relatos do movimento, principalmente contra jovens negros. No Rio de Janeiro e outros estados há relatos de perseguições parecidas.

Mesmo com a repressão, o movimento continua ativo e foi renovado, com o envolvimento de muitos jovens estudantes. Ainda que menor, o MPL segue cumprindo papel importante em mobilizações em defesa do transporte coletivo. O movimento foi um dos que mais pressionaram, por exemplo, a prefeitura de São Paulo em relação ao plano de reestruturação do sistema de ônibus local, que inclui corte de linhas em toda a cidade e aumento do número de baldeações necessárias em determinados percursos. Em Belo Horizonte, além de questionar o valor cobrado pelas passagens, manifestantes passaram a estudar como a rede está estruturada, propondo uma auditoria cidadã dos gastos e sugerindo políticas alternativas.

Perseguido e menor, o MPL hoje segue sendo visto com desconfiança por partidos mais tradicionais, mesmo os mais progressistas. Desde 2013, à esquerda e à direita, as reclamações contra o MPL se confundem com críticas às políticas de passe livre em si, o que é um erro. Mesmo entre políticos que se apresentam como progressistas, há quem classifique a proposta de tarifa zero como irresponsável e inviável, um disparate utópico impossível de ser concretizado. No debate sobre mobilidade, nem sempre é fácil deixar diferenças de lado e focar nas possibilidades reais. Mas existem fundamentos sólidos e casos reais que demonstram claramente como não só é possível abolir as catracas, como também vantajoso em múltiplos aspectos. A experiência da Estônia não é a única e não faltam exemplos de políticas públicas alternativas já adotadas em outras regiões.

Irresponsável e inviável, isso sim, é tentar seguir com políticas de priorização do transporte individual privado diante do colapso viário e ambiental das metrópoles brasileiras, ou, pior, assistir passivamente à tomada das ruas por multinacionais explorando motoristas precarizados.

CIDADES INTELIGENTES. INTELIGENTES MESMO?

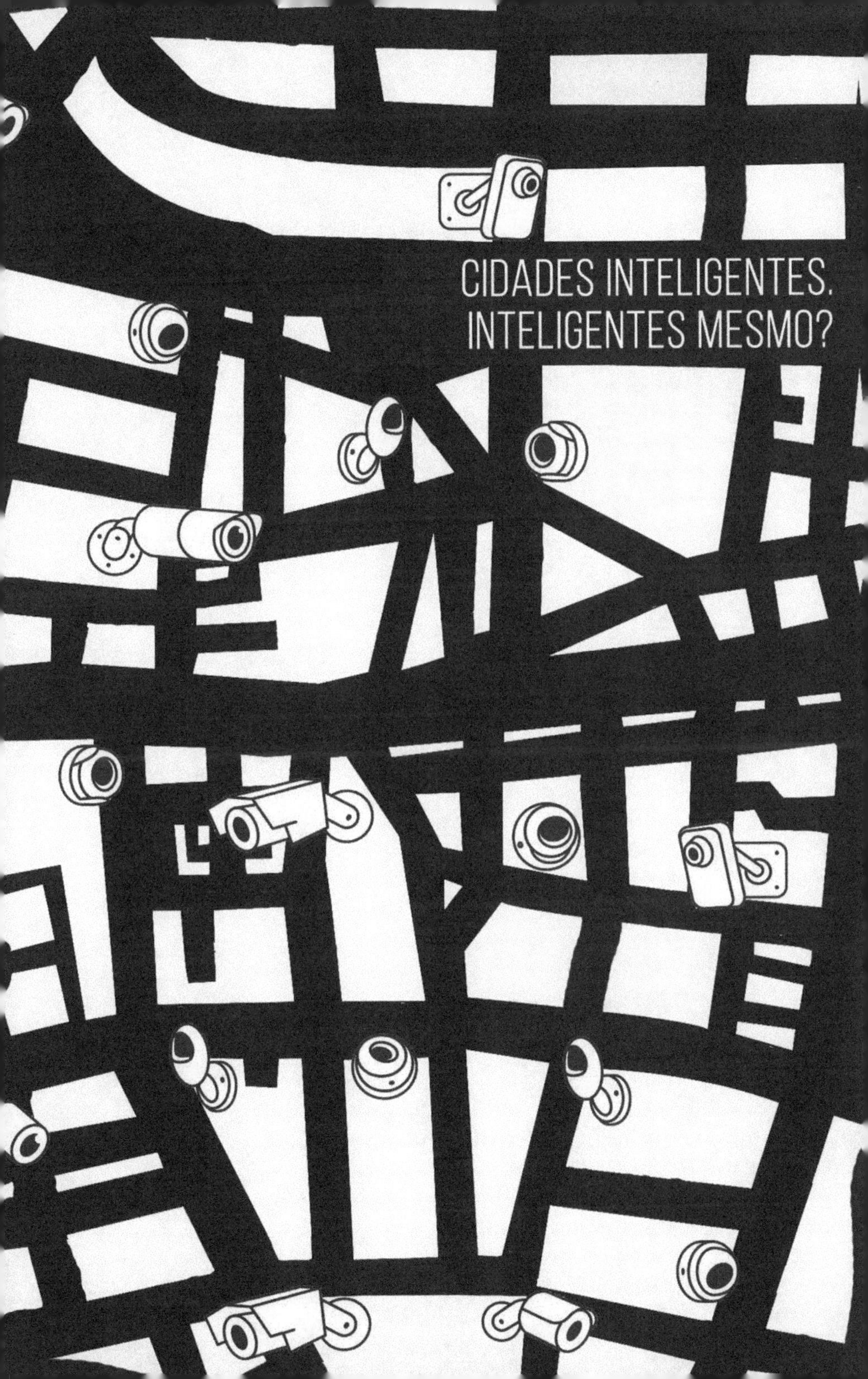

Cidades inteligentes. Inteligentes mesmo?

Além de custar caro, sistemas baseados em mobilidade individual motorizada não funcionam bem, ainda mais em áreas com alta concentração populacional - como evidenciam engarrafamentos, poluição e o alto número de mortos e feridos em colisões e atropelamentos. Em todo o mundo, diferentes equipes de planejamento urbano, arquitetura, engenharia e programação escaladas para tentar fazer esse modelo funcionar minimamente pesquisam e trabalham em busca de soluções. Obras sofisticadas e inovações tecnológicas surgem a cada dia, sem, no entanto, resolver os nós formados pelos congestionamentos. Com artérias viárias entupidas, as cidades morrem aos poucos. Estrangulados, bairros gangrenam e o espaço público acaba degradado em um cenário repleto de asfalto e cimento com as novas vias sempre congestionadas de carros, mas vazias de pessoas, marcadas por sujeira, abandono e poluição.

Virou moda falar em cidades inteligentes, as *smart cities*, e o estudo de novas formas de organização do trânsito inclui o desenvolvimento de modelos engenhosos baseados em tecnologia e uso de dados. Inovações são sempre bem-vindas e é ótima a iniciativa de buscar informações para subsidiar decisões. É preciso ter em mente, contudo, que a opção entre as diferentes possibilidades de organizar sistemas de mobilidade não é apenas técnica, mas também política. Transporte é um direito ou um serviço a ser oferecido a cidadãos-consumidores? Queremos cidades que privilegiem o ganho coletivo, com redes de transporte público eficientes e acessíveis, ou cidades pensadas para tentar maximizar a liberdade individual acima de tudo, com prioridade de investimentos para o transporte individual motorizado, ainda que isso acarrete congestionamentos que, no fim, afetam a liberdade de ir e vir de todos? É possível chamar cidades configuradas para privilegiar carros e automóveis de cidades inteligentes?

Deveriam ser consideradas inteligentes as metrópoles que privilegiam transporte coletivo, que é o mais eficiente para deslocamentos massivos e, por isso, também o mais ecológico. A partir daí, a busca por inovações teria necessariamente que incluir a pesquisa de ferramentas para incentivar ao máximo o uso das redes públicas. Ou seja, pensar em como tornar mais atrativas as viagens em trens e ônibus do que em automóveis e motocicletas. Transporte deve ser entendido como um direito universal e não um privilégio exclusivo de quem tem dinheiro, e esse é o ponto de partida para desenvolver e aprimorar fórmulas para aplicação de políticas de passe livre.

Não se trata de rejeitar tecnologia – a tarifa zero em si pode ser entendida como uma tecnologia social –, mas sim de encontrar caminhos para empregá-la de modo a beneficiar principalmente a população local. Para isso funcionar, a criação, manutenção e adaptação de redes de transporte depende da participação da comunidade. E tem que ser necessariamente uma produção colaborativa. Cooperativas de tecnologia e empresas locais deveriam ser incentivadas a trabalhar a partir dessa lógica, e não apenas na de buscar soluções imediatas para o transporte individual. Iniciativas como encontros de programação, as chamadas *hackatonas*, para busca de soluções tecnológicas para aprimorar o transporte público coletivo precisariam ser reconhecidas e apoiadas. É possível criar e introduzir inovações para melhorar a rede pública.

Com isso em mente, dados sobre funcionamento dos sistemas, como número de viagens, horário de pico, origem e destino, deveriam ser entendidos como bens comuns, abertos e compartilhados, em vez de ficarem guardados em diferentes repositórios públicos ou privados, sempre desconectados uns dos outros. Em sociedades democráticas, informações de interesse público deveriam estar sempre acessíveis, e não deixadas mofando em gabinetes controlados por poucos burocratas ou acessíveis apenas a partir de aplicativos de corporações internacionais.

Para ilustrar essa ideia, não custa lembrar que hoje o Google, com suas plataformas de mapas (Google Maps e Waze), tem mais informações sobre fluxo de trânsito do que a maioria das prefeituras locais. Trata-se de uma base de dados importantíssima para planejar políticas de transporte, mas que é controlada por uma multinacional e apenas parcialmente disponível para consultas pontuais. Qualquer um pode verificar se há congestionamentos e o tempo de deslocamento previsto para planejar uma viagem individual, mas não acessar ou baixar o conjunto de dados que permita ver um quadro completo sobre mobilidade coletiva.

A dependência crescente de soluções privadas para formulação de políticas públicas ajuda a entender o conceito de "soberania tecnológica". Em todo o mundo, mesmo para tomar decisões simples, governantes têm descoberto serem cada vez mais reféns de ferramentas digitais privadas e de soluções desenvolvidas e coordenadas por corporações internacionais. Esse é o único caminho possível? Para um aprofundamento sobre o conceito, vale ler o que têm escrito o pesquisador bielorrusso Evgeny Morozov e a tecnóloga italiana Francesca Bria, que assinam juntos a análise *Rethinking the Smart City: Democratizing Urban Technology* (Repensando as cidades inteligentes: democratizando a tecnologia urbana), uma leitura crítica sobre *smart cities* que dialoga com muitos dos conceitos apresentados neste capítulo.

Entre as ideias que ambos propõem está a de que as cidades inteligentes propagandeadas por empresas de tecnologia e gestores tecnocratas não costumam ser as que priorizam soluções eficientes, ecológicas, sustentáveis e justas. Dentro de uma perspectiva neoliberal, a obsessão é por centros urbanos mais funcionais, otimizados, vigiados e controlados, uma sociedade em que o Estado deve ter participação mínima e o mercado liberdade máxima. A mobilidade é vista como uma questão individual e, de novo, o transporte entendido como serviço, não como direito.

Na lógica do cada um por si, as alternativas de transporte passam a ser as oferecidas por grandes corporações especializadas em intermediar serviços, como a estadunidense Uber. No exterior, tais empresas são conhecidas como *transportation network companies* (companhias de redes de transporte) ou apenas TNCs. Na nova configuração que se desenha, o Estado figura como mero garantidor da ordem estabelecida, seja ela justa e viável ou não, sem interferir no delicado (des)equilíbrio entre oferta e demanda. A ideia é que, cada vez mais, multinacionais ocupem o espaço deixado pelos governos e que soluções privadas ancoradas em inovações tecnológicas surjam como principal saída para o deslocamento de pessoas e mercadorias em cidades inchadas.

Via de regra, a política de mobilidade nas cidades não muda nos novos modelos propostos. Se a prioridade é gastar mais orçamento na expansão e manutenção de vias, procurando viabilizar a circulação crescente de carros, isso será mantido. Mesmo que indicadores e estatísticas apontem que a melhor forma de reduzir congestionamentos é apostar em transporte público. Em vez de revisar as causas do mau funcionamento do sistema viário, o que se propõe como solução é um aprofundamento do modelo, com um uso ainda mais intenso da estrutura existente. Assim, a prioridade segue sendo transporte motorizado individual em detrimento do transporte coletivo.

A diferença é que, para usufruir da cidade tal qual ela está configurada, a população passa a ter possibilidade de contar com alternativas de custo mais acessível, normalmente baseadas na precarização de condições de trabalho e na falta de regulamentação. As novidades chegam com velocidade, sem muito debate ou análise de riscos de impactos a médio e longo prazo, atropelando quem está no poder. A falta de conhecimento técnico para regulamentar de maneira adequada novas ferramentas digitais soma-se à pressão política de grandes corporações, que se aproveitam da necessidade coletiva de soluções rápidas para a paralisia urbana cotidiana.

A maneira como patinetes elétricos foram disponibilizados para compartilhamento na cidade de São Paulo é um bom exemplo. Aproveitando a infraestrutura cicloviária instalada principalmente durante a gestão do ex-prefeito Fernando Haddad (PT), o grupo Grow Mobility Inc. começou a espalhar patinetes motorizados em algumas regiões da cidade no final de 2018. A novidade chegou de repente, sem muito debate prévio e nenhuma regra. As máquinas, capazes de alcançar até 25 km/h em segundos com o mero apertar de um botão, e o sistema de cobrança, que é por minuto e não por distância percorrida, fizeram com que o número de usuários apressados cruzando bairros em alta velocidade se multiplicasse. Mais do que a velocidade, a capacidade de aceleração é um fator de risco.

Para pagar menos pelo aluguel, a regra entre os usuários costuma ser disparar assim que a máquina é liberada. Com base em relato de acidentes graves, a prefeitura tentou regular e instituiu regras rígidas, algumas polêmicas, como a obrigatoriedade de capacetes, e passou a apreender os patinetes largados pela cidade. A empresa reagiu com uma campanha estimulando seus consumidores a acionar o serviço de atendimento do município para reclamar.

O surgimento de empresas que aproveitam a falta de regulamentação para oferecer soluções "inteligentes" é um fenômeno que não afeta somente o setor de transporte. A combinação de precarização do trabalho, desregulamentação e inovações tecnológicas é uma das marcas da chamada economia do compartilhamento, ou *sharing economy*, a nova ordem econômica e social em que multinacionais comercializam principalmente experiências ou serviços, e não mais bens. Sem se preocupar em garantir direitos trabalhistas ou aspectos de segurança básica em relação aos serviços oferecidos, corporações internacionais desenvolvem plataformas para facilitar a intermediação da contratação de praticamente tudo.

Há ferramentas para aluguéis de casas e quartos (Airbnb), para cuidadores de cachorros e animais domésticos (DogHero) e para serviços pontuais (TaskRabbit e Mechanical Turk), só para citar alguns casos. São inovações que têm provocado alterações estruturais na maneira como alguns setores funcionam, afetando ou mesmo levando à falência empresas locais. Contra o Airbnb, por exemplo, não faltam acusações de concorrência desleal. Proprietários de hotéis e pousadas reclamam que são obrigados a seguir observando especificações e normas técnicas de serviço e segurança para receber hóspedes, enquanto empresários (e mesmo empresas!) compram casas e apartamentos em série para alugar para turistas por meio da plataforma, sem nenhuma restrição ou controle. Em algumas cidades, a dinâmica de aluguel pelo Airbnb tem contribuído com o encarecimento de propriedades, em um processo de gentrificação em que moradores são empurrados para outras regiões, expulsos pelo poder econômico.

Na mobilidade, o impacto tende a ser a piora generalizada do trânsito. A multiplicação de serviços de contratação de motoristas particulares e de entregadores implica mais carros e motos circulando o tempo todo. Aplicativos e seus algoritmos são pensados para otimizar ao máximo o aproveitamento da frota existente. Até os preços para o serviço oscilam conforme oferta e demanda, em variações pensadas para tentar manter o sistema operando sempre no limite, favorecendo assim a formação de congestionamentos constantes.

A hiperutilização da infraestrutura viária com mais carros e motos circulando o tempo todo reduz a fluidez de maneira generalizada, afetando inclusive serviços de transporte coletivo. A dimensão do estrago varia caso a caso; é difícil avaliar com precisão o impacto, já que os dados sobre viagens e frota operante oferecidas por empresas de aplicativos não são abertos. Sabe-se apenas o que as empresas estiverem dispostas a contar.

Já há, porém, estudos independentes baseados em levantamentos feitos em cidades dos Estados Unidos que apontam que a maioria dos que usam aplicativos teria se deslocado usando meios alternativos ao automóvel se os mesmos não existissem. Ou seja, na maior parte dos casos, os aplicativos não ajudam a reduzir viagens de transporte motorizado individual, mas sim as multiplicam. De acordo com análise feita pela empresa de consultoria Schaller, de Nova Iorque, a partir de pesquisa com usuários de aplicativos nas cidades de Boston, Chicago, Denver, Los Angeles, Nova Iorque, São Francisco, Seattle e Washington DC, e em todo o estado da Califórnia, 60% dos entrevistados teria usado redes de transporte público, caminhado, pedalado ou simplesmente deixado de fazer a viagem se não existissem os aplicativos. Apenas 40% usaria o próprio carro ou um táxi tradicional.

A expansão do horário de pico de trânsito é vista como uma das possíveis consequências do aumento da frota em circulação. Quando há mais carros circulando, em vez de se limitar a um horário específico, os congestionamentos se espalham por todo o dia, tornando-se, em alguns casos, permanentes. No Brasil, tal fenômeno já é perceptível nas principais metrópoles. A rápida expansão do transporte por aplicativos, no entanto, é relativamente recente e, por isso, por enquanto é difícil relacionar com exatidão novos problemas de circulação à multiplicação nas ruas de motoristas terceirizados gerenciados por multinacionais.

Ainda que, no modelo de negócios desenvolvido pelas corporações, conforme apontado, o profissional seja induzido a rodar o tempo todo e isso resulte no aumento do número de veículos em circulação, é difícil calcular a dimensão do impacto negativo. Além disso, é preciso considerar que o trânsito de uma região pode aumentar ou diminuir também tanto em função de mudanças macroeconômicas, incluindo variações no nível de desemprego e do preço do combustível, quanto em função de alterações locais relacionadas a processos de gentrificação ou deterioração de bairros. Tendo isso em conta, é preciso apontar que pode levar tempo para construir modelos e metodologias para comparações no Brasil com o rigor científico necessário.

Para Luiz Carlos Mantovani Néspoli, o Branco, superintendente da Associação Nacional de Transportes Públicos (ANTP), é cedo para afirmar que os sistemas de aplicativos ameaçam ou não afetam o transporte público. Durante o evento Política Tarifária do Transporte Público no Brasil, um encontro técnico promovido pelo Instituto Brasileiro de Defesa do Consumidor (Idec) e pela Fundação Rosa Luxemburgo para discussão sobre fórmulas para financiamento realizado em São Paulo em 12 de fevereiro de 2019, ele minimizou o risco de as redes de transporte coletivo serem substituídas por frotas de motoristas de aplicativos terceirizados e apontou limites para tal modelo. A ANTP, principal entidade civil do setor no país, tem uma composição ampla que inclui mais de trezentos associados entre órgãos públicos, empresas operadoras públicas e privadas, sindicatos patronais e de empregados, fabricantes e prestadores de serviço, consultores e universidades. Sua avaliação deve ser considerada.

Ainda assim, mesmo com todas essas ressalvas, em relação ao transporte público é importante apontar que no exterior, onde as empresas de aplicativos atuam há mais tempo, pesquisadores já conseguiram criar modelos matemáticos e têm apontado que é possível relacionar o declínio no uso das redes coletivas ao crescimento da contratação de motoristas por aplicativos gerenciados por multinacionais.

"A cada ano após a entrada de uma nova companhia de rede de transporte no mercado, a utilização de transporte pesado sobre trilhos (trens e metrôs) diminui em 1,3% e o número de passageiros de ônibus cai em 1,7%. Este é um efeito acumulativo que se repete a cada ano e pode ser um importante indicador para compreender o declínio recente no número de passageiros no transporte público", escrevem os pesquisadores Alex Mucci, Gregory D. Erhardt e Michael Graehler, do Departamento de Engenharia Civil da Universidade de Kentucky, nos Estados Unidos. Juntos, os três assinam o estudo *Understanding the Recent Transit Ridership Decline in Major US Cities: Service Cuts or Emerging Modes?* (Entendendo o declínio recente do número de passageiros nas principais cidades dos EUA: cortes de serviço ou tendência?).

A UBERIZAÇÃO DA MOBILIDADE

A uberização da mobilidade

A força das empresas não deve ser subestimada. O caso da Uber é emblemático. A companhia, que se tornou exemplo de estruturação de redes de trabalhadores-empreendedores individuais que atendem por demanda e que não têm estabilidade ou garantias sociais, cresce com velocidade e, nos Estados Unidos, é acusada de competir de maneira agressiva com as redes de transporte público. Informações divulgadas no *site* da multinacional, sem possibilidade de auditoria independente, apontam a formação de uma plataforma que reúne 500 mil motoristas particulares "parceiros" que atendem 20 milhões de pessoas em mais de cem cidades brasileiras. São condutores que não têm salário fixo e ganham por corrida em valores que podem variar conforme a demanda, sem direito a garantias sociais como férias e 13º salário.

Em 8 de maio de 2019, parte deles aderiu a uma greve internacional cobrando alterações no valor repassado a cada viagem contratada, além de outras mudanças relacionadas à falta de segurança no aplicativo. A data foi escolhida por ser a de entrada da empresa na Bolsa de Nova Iorque, com abertura de capital. As ações individuais, que começaram a ser vendidas a US$ 45,00 terminaram em baixa, fechando o dia a US$ 41,57, uma queda de 7,62%. Mesmo com a estreia atrapalhada e o protesto mundial, a Uber conseguiu se firmar, com a jogada, como uma das principais corporações do planeta, com seu valor de mercado passando de US$ 75 bilhões para US$ 82,4 bilhões.

O sistema é lucrativo principalmente pelo volume de viagens coordenadas. De 2014, ano em que chegou ao país, até fevereiro de 2018, a companhia divulga haver organizado um bilhão de viagens em território nacional. O país tornou-se, ao lado dos Estados Unidos e do México, área estratégica de expansão, e o Rio de Janeiro e São Paulo passaram a figurar, junto com a Cidade do México, como as capitais com mais viagens registradas. Apesar de gerir o sistema, inclusive determinando a variação dos valores das corridas, a firma insiste que faz apenas a intermediação das contratações, defendendo que não tem responsabilidade nem pelas condições de trabalho nem por problemas de segurança relacionados ao funcionamento, entre os quais assaltos e casos de assédio sexual. O Ministério Público do Trabalho tem um entendimento diferente e procuradores defendem que a empresa deve sim responder pelas condições dos trabalhadores.

Em rápida expansão, a Uber procura ampliar o território e também suas áreas de atuação. No Brasil, além de gerenciar a contratação de motoristas para transporte de pessoas, passou a oferecer serviços de entregas, usando a mesma estrutura de terceirizados. Outra novidade foi a criação da modalidade Uber Juntos, que passou a permitir que o usuário comum compartilhe a mesma corrida com estranhos, inovação que possibilita preços ainda mais baixos. Tal modalidade é vista por empresas de ônibus como uma brecha para a criação de um sistema paralelo de transporte coletivo sem regulamentação. Para a Associação Nacional das Empresas de Transporte Urbano (NTU), essa modalidade pode resultar na volta das lotações, como eram conhecidas as vans clandestinas que dominaram por muito tempo o transporte em metrópoles.

No exterior, a Uber criou um sistema para atender empresas, permitindo a coordenação das viagens diretamente por chefias ou departamentos de recursos humanos, que ganham acesso aos dados de todas as corridas contratadas, podendo controlar em detalhes a utilização por parte de clientes e funcionários e estabelecer regras e valores.

Nessa expansão crescente, os serviços ofertados pela Uber, aliás, não se limitam mais à intermediação para contratação de motoristas de carros. A multinacional tem procurado avançar sobre outros modais também. Nos Estados Unidos, a Uber começou a oferecer a possibilidade de contratação de caminhoneiros-empreendedores individuais, que também atendem por demanda e não têm estabilidade ou garantias sociais. Há ainda sistemas para compartilhamento de *scooters* e patinetes motorizados e o anúncio de um sistema de transporte aéreo compartilhado baseado em pequenas aeronaves elétricas parecidas com helicópteros, sistema futurístico previsto para estrear em 2023 e apresentado como o futuro da mobilidade.

É em terra firme, porém, que a corporação trabalha com as bases do que realmente pode ser o transporte nas cidades "inteligentes". A empresa já começou a desenvolver sistemas de transporte "público" privatizado, complementando ou mesmo substituindo redes coletivas por sua plataforma com apoio de governos locais. Há exemplos de cidades pequenas nos Estados Unidos que passaram a subsidiar total ou parcialmente corridas da Uber para seus habitantes em vez de ampliar ou manter redes próprias. San Joaquin, na Califórnia, paga metade da viagem de quem pegar um Uber para áreas fora da área atendida pela rede local de transportes. Na Flórida, o condado Pinellas, onde fica São Petersburgo, criou um fundo específico para subsidiar integralmente o uso da ferramenta por pessoas de baixa renda e desempregados, e as cidades Altamonte Springs, Lake Mary, Longwood, Maitland e Sanford passaram a subsidiar descontos para corridas na área urbana.

A firma apresenta as parcerias estabelecidas como casos de sucesso e tem investido na imagem de aliada do transporte público, com campanhas de marketing que destacam que o aplicativo ajuda em conexões e no atendimento de demandas específicas, complementando ou mesmo ampliando o alcance das redes. No *site* da multinacional há seções específicas só para tratar de transporte público. Além da publicidade, para reforçar a ideia de que é amiga da mobilidade coletiva, a companhia passou a incorporar gradualmente ferramentas que permitem aos usuários do aplicativo consultar rotas e até comprar antecipadamente passagens para alguns trechos.

O problema é que a prefeitura ou governo que opta por substituir redes próprias de transporte por subsídios para deslocamentos por aplicativos acaba se sujeitando à lógica do mercado. Em sistemas gerenciados por corporações que atuam como a Uber, em que o transporte é entendido como serviço e não como direito, o que vale é a demanda e a possibilidade de lucro. Áreas com menor demanda, mais afastadas ou com menos passageiros tendem a ser abandonadas, isolando ainda mais quem não vive nas regiões centrais ou mais ricas, onde a busca por corridas tende a ser mais constante.

Mesmo quando existe um recorte social na destinação dos subsídios, como no caso em que as corridas são pagas pelo poder público para viabilizar deslocamentos de moradores de baixa renda, pode haver apagões. Não custa lembrar que, no Brasil, motoristas se recusam a atender quem mora em favelas, não só na periferia, mas também nas regiões centrais. Heliópolis, em São Paulo, teve que criar pontos específicos para passageiros porque muitos motoristas evitavam entrar na comunidade; e, mesmo depois da iniciativa, ainda evitam.

Outro ponto a considerar é a perda de soberania tecnológica. O governante que entrega o serviço de transporte para uma empresa perde também a possibilidade de acessar diretamente dados sobre viagens e mobilidade, ficando sujeito às informações fornecidas por empresas que têm interesse direto no tema.

Um gestor simpático à economia do compartilhamento pode argumentar que uma alternativa aos problemas apontados seria condicionar o repasse de subsídios ao atendimento de áreas específicas, de modo a forçar a empresa a incluir no algoritmo de gerenciamento de corridas vantagens econômicas para atrair motoristas para áreas com pouca demanda. Também daria para prever no contrato acesso à base de dados sobre viagens com auditorias independentes fazendo verificações e validando as informações.

Além disso, em termos econômicos e até ecológicos, faz sentido optar por atendimentos específicos em rotas afastadas e/ou pouco utilizadas. Para um gestor público, realmente seria razoável pensar em subsidiar veículos menores acionados sob demanda, em vez de estabelecer uma linha de ônibus específica para atender a uma região distante com pouquíssimos passageiros. São bons argumentos.

Mas será que o atendimento por meio de aplicativos tipo Uber é mesmo a melhor das soluções? Ou será que existem outras maneiras de utilizar tecnologias que permitam gerenciar fluxos sem ter que fazer acordos com multinacionais estruturadas a partir da precarização do trabalho e da comercialização de dados?

No Brasil, pelo menos duas cidades adotaram sistemas de transporte coletivo com atendimento por demanda que podem servir como ponto de partida para pensar alternativas possíveis. São Bernardo do Campo (SP) adotou o UBus em 2018 e Goiânia (GO) o Citybus 2.0 em 2019. Ambas as iniciativas foram organizadas por operadoras de ônibus locais e têm como base a estruturação de rotas de vans a partir de pedidos de usuários pelo celular. O caminho vai se adaptando conforme as solicitações e o preço é cobrado em função do trajeto. A experiência pode ser considerada um meio-termo entre rotas de transporte coletivo já estabelecidas e viagens sob demanda gerenciadas por aplicativos.

Há outras possibilidades. Considerando que o problema da economia do compartilhamento não é a tecnologia, mas sim a maneira como o mercado se estrutura, normalmente a partir de corporações que lucram em cima do sucateamento de direitos e da desregulamentação, pesquisadores e ativistas têm debatido outros modelos possíveis para organizar serviços e comércio.

Uma das propostas é a de fortalecer o cooperativismo de plataforma, conceito que envolve a reorganização da economia por meio de plataformas digitais de solidariedade e cooperação. Trebor Scholz, professor-associado da The New School, em Nova Iorque, nos Estados Unidos, onde ministra cursos sobre internet e sociedade, é um dos que defendem que é possível imaginar formatos diferentes para subverter a lógica empresarial da economia do compartilhamento. Ou seja, usar a tecnologia para facilitar redes de troca e compartilhamento de maneira cooperada, com foco no bem coletivo.

Pensar em produção colaborativa, licenças abertas que permitam reproduzir ou distribuir bens e conteúdos de maneira livre, e tratar os dados como bens comuns que podem ajudar a pensar em soluções coletivas (respeitando, claro, o direito à privacidade individual), são caminhos para a construção do que, no Brasil, poderíamos chamar de economia solidária 2.0. Scholz, que escreveu um livro chamado *Cooperativismo de plataforma*, cita como exemplo do que é possível fazer no setor de transportes a criação de aplicativos desenvolvidos e gerenciados por cooperativas de táxi, sem a cobrança de taxas por uma empresa intermediadora e com distribuição dos lucros entre os associados.

Sistemas controlados pelo poder público também podem ajudar a minimizar a interferência de grupos privados que ganham em cima da intermediação. Em São Paulo, por exemplo, a prefeitura, em meio à disputa com algumas das multinacionais do setor, chegou a desenvolver em 2018 um aplicativo municipal para passageiros chamarem táxis, o SPTaxi. A ideia é possibilitar que usuários façam a contratação de taxistas diretamente usando a infraestrutura digital desenvolvida pelo poder público, sem precisar recorrer a empresas privadas intermediárias.

Aqui cabe destacar que, apesar de este capítulo tratar do caso específico da Uber, a empresa não é a única que atua dessa maneira. Para falar só do setor de mobilidade, há também aplicativos para contratação de táxis, para encomendas de bens e entregas e para transporte de cargas, entre outros. No exterior, já existem inclusive serviços de entrega de comida baseado em aplicativos para motoristas parados no trânsito.

São empresas como 99, Cabify, Easy, MeLeva, só para citar algumas das principais entre as que operam no Brasil. Isso sem falar nas que exploram nichos específicos, como Femitaxi e Lady Driver, voltadas para o atendimento de mulheres, na colombiana Rappi e nas brasileiras James e Loggi, especializadas em entregar encomendas, ou ainda na iFood, que opera intermediando pedidos e entregas de restaurantes. Todas são empresas que operam com maior ou menor intensidade na mesma lógica que a mais conhecida, com algumas variações, conectando consumidores em busca de preços baixos a trabalhadores em situação vulnerável dispostos a sacrifícios para garantir uma renda mínima.

O modelo em que as empresas se colocam como meras intermediadoras, evitando responsabilidades, tem gerado problemas não só para empregados, mas também para quem contrata. iFood e Uber estão entre as dez com mais reclamações no *site* ReclameAqui, especializado em registro de queixas de consumidores insatisfeitos. Em maio de 2019, a primeira tinha acumulado em um ano nada menos do que 27.338 manifestações (75 por dia), enquanto a segunda, 22.545 (61 por dia). Como o *site* é uma plataforma informal e não oficial, os números são apenas um indicativo das falhas de atendimento. A lista de reclamações registradas inclui problemas de privacidade de cadastros, falhas de atendimento e até mesmo dificuldades de contatar ou cobrar soluções para determinados serviços contratados.

Muitos sabem que os aplicativos estão longe de serem a solução ideal, tanto em função de estarem fundamentados na exploração de trabalhadores quanto na falta de garantia de qualidade na prestação dos serviços contratados, mas continuam a utilizá-los por falta de melhores opções. Graças a novas ferramentas, quem nunca teve dinheiro para andar de táxi ou contratar serviços de entrega, agora pode usar Uber e similares com regularidade. Andar de carro, aproveitando a infraestrutura pensada para favorecer o transporte motorizado privado, não é mais privilégio exclusivo de quem pode comprar e manter veículo próprio. Os serviços estão mais acessíveis, ainda que sejam executados por profissionais subcontratados sem garantias trabalhistas e que os problemas de atendimento sejam comuns.

Para deslocamentos, é difícil condenar pura e simplesmente quem opta por usar esses serviços de intermediação para contratação de condutores privados. É claro que vale boicotar empresas que lucram com precarização do trabalho, mas, nesse caso específico, é preciso um olhar cuidadoso ao aspecto coletivo. Em um contexto de colapso da mobilidade com sistemas coletivos sucateados, é natural que quem não tem condições financeiras de manter um veículo privado busque alternativas para ter acesso ao sistema viário formatado e subsidiado para favorecer o deslocamento de carros e motos, ainda que essas alternativas não sejam as ideais. O efeito de democratização de acesso a direitos é um aspecto que precisa ser considerado.

Conforme já apontado, porém, a multiplicação de soluções individualistas rápidas leva a aumento da circulação de veículos privados em um modelo em que muita gente ganha pouco para circular muito. Isso pode impactar o trânsito e o transporte público, e assim agravar a crise de mobilidade das cidades. Em vez de saídas emergenciais, é preciso pensar em soluções coletivas. Nesse sentido, mais do que o boicote, é importante pensar em regulamentação e restrições. E, ao tratar de limites necessários, não custa ressaltar o quão profundamente o preço reduzido desse tipo de negócio está atrelado à precarização das condições de trabalho.

Entre os que fazem entregas com motos estão muitos jovens que, cansados do aperto e da demora no transporte público, assumiram financiamentos a longuíssimo prazo nos últimos anos. A compra de motocicletas virou uma tendência nas metrópoles brasileiros. Trabalhadores deixaram de usar os trens e ônibus superlotados para tentar se encaixar no sistema viário que prioriza deslocamentos de veículos motorizados privados.

Agora, muitos deles, desempregados e endividados, fazem entregas. As empresas de aplicativos incentivam essa molecada motorizada a correr, premiando por desempenho e quantidade de serviços completados, e o resultado tem sido desastroso. Em São Paulo, por exemplo, de 2017 para 2018, o número de motoqueiros mortos no trânsito saltou de 311 para 366, um aumento de 17,7%, em uma "tendência consistente e alarmante", conforme o Relatório Anual da Companhia de Engenharia de Tráfego (CET) de São Paulo.

O órgão associa o salto à expansão de aplicativos de entrega que não cumprem a legislação municipal e federal sobre motofrete. "Levantamento das declarações de óbito [...] indicou um aumento de 9% para 14% na participação de entregadores e motofretistas entre as mortes de motociclistas no trânsito em 2018", diz o relatório.

Entre motoristas, o caso da Uber é interessante de analisar por se tratar de um modelo tão extremo. Uma história ilustra bem até que ponto pode levar a combinação de falta de regulamentação com ausência de compromisso mínimo com as condições laborais por parte da empresa. Em uma visita a São Paulo, o professor Rodrigo Firmino, da Pós-Graduação em Gestão Urbana e do curso de Arquitetura e Urbanismo da Pontifícia Universidade Católica do Paraná (PUC-PR), decidiu chamar um Uber. Ao lado de Bruno Cardoso, professor adjunto do Programa de Pós-Graduação em Sociologia e Antropologia da Universidade Federal do Rio de Janeiro (UFRJ), seguiam para um encontro da Rede Latino-Americana de Estudos sobre Vigilância, Tecnologia e Sociedade (Lavits).

"Veio um carro de luxo com uma motorista que, de tempos em tempos, escrevia pelo celular para o 'comandante'", conta Firmino. Curiosos, ele e o colega começaram a conversar e descobriram que a mulher era uma motorista profissional contratada por uma família para levar a mãe e as crianças para escola, clube, shopping e outros deslocamentos específicos. Tinha contrato com carteira de trabalho assinada, com observância de todas as regras trabalhistas, incluindo jornada de oito horas. Mas, nas horas vagas, quando não tinha que transportar os membros da família, era obrigada pelo pai da família, o tal comandante, a atender corridas de Uber.

O dinheiro obtido servia para pagar seu salário e ainda gerava um lucro para o dono do carro. Todos os deslocamentos tinham que ser informados e eram monitorados pelo patrão. Inconformada com a situação, ela pediu para ter sua conta bloqueada pela empresa, mas o comandante resolveu a situação criando outra conta em seu nome. Quando conheceu os dois pesquisadores, a mulher estava terminando um curso de motorista de ônibus para poder abandonar o emprego de motorista particular uberizada. Firmino menciona a história hoje como um exemplo extremo de uma nova forma de neoliberalismo digital.

Junto com o colega, ele escreveu um artigo detalhando o episódio no *Le Monde Diplomatique Brasil.* O texto, intitulado "Compartilhando a precarização: a uberização da Uber", termina assim: "Ao destacarmos as especificidades desse caso, levando em consideração o contexto político do Brasil do pós-golpe de 2016 e o avanço das políticas neoliberais de desregulamentação do trabalho, não há como não pensarmos nas crescentes possibilidades de radicalização da exploração capitalista e da precarização das relações de trabalho. Gradualmente, um pouco sem sentirmos, um tanto sem reagirmos, vamos nos acostumando com formas cada vez mais criativas, empreendedoras e autônomas de explorar os mais pobres, mais fracos e mais precários. Um mundo de uberexploração de um trabalho cada vez mais uberificado".

Uberização do trabalho já é um termo utilizado por pesquisadores que identificam um novo padrão de superexploração relacionado aos aplicativos que intermedeiam serviços de transporte e entregas. Mesmo quem não tem condições de manter um veículo motorizado próprio entra no esquema. Um caso particularmente grave de exploração é o dos ciclistas entregadores que trabalham pedalando longas jornadas pressionados a realizar o maior número de viagens possível. No Brasil, há relatos de jovens que, sem muitas opções de trabalho e pressionados pela remuneração por produção, se esforçam para cumprir jornadas de doze horas com 30 km percorridos de bicicleta por dia em média fazendo entregas.

Em 22 de maio de 2019, o jornalista Leandro Machado publicou reportagem na BBC com histórias de alguns que trabalham em São Paulo. No texto, uma das entrevistadas, Ludmila Costhek Abilio, pesquisadora do Centro de Estudos Sindicais e de Economia do Trabalho da Unicamp, definiu a uberização como uma tendência. "Esse processo é de informalização, que vem tirando as garantias e proteções. Agora, é o trabalhador quem entra com os meios de produção, além de arcar com os custos e com os riscos da atividade. Supostamente, a pessoa trabalha onde e quando quer, mas a verdade é que ela está trabalhando cada vez mais. O que estamos estudando é como esses trabalhadores estão subordinados aos algoritmos, às regras de cobrança, às comissões e às metas de produtividade. Não me parece que as escolhas sejam tão amplas assim."

O controle é sofisticado. O documentário *GIG: a uberização do trabalho*, da ONG Repórter Brasil, que trata das mudanças nas relações trabalhistas relacionadas ao novo modelo de contratação indireta, aborda como, por meio de remuneração mediante metas, pontuações e *rankings*, as companhias determinam comportamentos. Com a técnica conhecida como gamificação, que inclui técnicas de manipulação de emoções, conseguem manter os trabalhadores sempre no limite. Entre motoqueiros e motoristas, as longas jornadas costumam estar relacionadas a ocorrências no trânsito. Quanto maior o cansaço, maior a desatenção e a chance de algo dar errado.

No caso dos entregadores ciclistas, a precariedade de sua situação laboral foi um dos temas discutidos na oitava edição do Fórum Mundial da Bicicleta, realizada em Quito, no Equador, de 24 a 28 de abril de 2019. A geógrafa colombiana Paola Castañeda, que tem pesquisado o tema, também questiona a liberdade dos ciclistas "empreendedores", e aponta elementos claros de violações laborais, incluindo ferramentas digitais de vigilância e castigo relacionadas à maneira como os algoritmos são gerenciados. Ela destaca que, em alguns aplicativos, o sistema é configurado para garantir melhores pontos para quem fizer mais entregas, e reduzir a pontuação de quem atender menos pedidos.

"É uma forma de, psicologicamente, pressionar para que eles se comportem de certa maneira, que sejam trabalhadores dóceis, que rendam, que pedalem com tudo para cumprir com o trabalho, porque, do contrário, há um castigo", afirmou, conforme relato sobre o evento publicado em 5 de maio de 2019 pelo *site* LA Network. Junto com o antropólogo chileno Daniel Lanfranco, Casteñada discorreu sobre o tema e apresentou o caso de ciclistas imigrantes que, sem muitas opções de trabalho no Chile, na Colômbia e no Peru, acabam precarizados. No Brasil, as empresas que gerenciam entregadores de bicicleta são Glovo, iFood, Rappi e Uber Eats. Essa última, claro, vinculada à Uber.

Pressionada e criticada por ser considerada a pioneira desse novo modelo de negócios, a Uber insiste em negar a responsabilidade pelas condições dos que trabalham com base no aplicativo que gerencia. Ao mesmo tempo, investe para tentar substituir os trabalhadores subcontratados por robôs, perspectiva futura. O grupo já faz testes com carros automatizados em cidades americanas e também estuda como desenvolver um sistema de entregas com *drones*.

A argumentação de que não é culpada pela precariedade das condições de trabalho de motoristas e entregadores se estrutura a partir da ideia de livre concorrência. Procurando caracterizar os profissionais que coordena como empreendedores individuais e não como empregados, a companhia repete que é uma mera intermediadora e não tem culpa se muitos se sujeitam a situações precárias, incluindo aí as longas jornadas que parte dos cadastrados repete com regularidade, uma alternativa para tentar aumentar a renda diante do pagamento por produção, como apontado.

Tal ideia é reforçada por investimentos em marketing e publicidade, que incluem a publicação de anúncios de página inteira e até cadernos patrocinados nos principais jornais do país. Em 28 de junho de 2019, a *Folha de São Paulo* publicou um encarte com quatro páginas bancadas pela empresa associando a Uber a "mais mobilidade e qualidade de vida", com uma diagramação parecida com a dos demais cadernos. A propaganda disfarçada de jornalismo é bem-estruturada e apresenta uma narrativa construída a partir de dados fornecidos pela empresa e declarações de seus diretores. Para um leitor desatento, o caderno publicitário passa facilmente por conteúdo jornalístico. O trabalho sofisticado está relacionado a uma estrutura extremamente profissional de relações públicas e um time especializado em pressionar o poder público. A empresa procura se aproximar de governantes com o objetivo de assegurar liberdade total para atuar. Quando enfrenta tentativas de regulamentação, reage de maneira agressiva com campanhas públicas e até ações judiciais.

Em Nova Iorque, ante a insistência do prefeito democrata Bill de Blasio de impor restrições, chegou a fazer uma alteração no próprio aplicativo introduzindo um botão com o nome do governante. Ao clicar, parte dos carros disponíveis na região do usuário desaparece; uma simulação inteligente que evidencia para o usuário o efeito de propostas de regulação defendidas por De Blasio.

No Brasil, a empresa comprou briga com a prefeitura de Fortaleza e a Câmara Municipal de São Paulo, acionando a Justiça para tentar assegurar liberdade de atuação após tentativas de restringir a formação de redes de intermediação da contratação de motoristas privados. O caso foi parar no Supremo Tribunal Federal, que decidiu por unanimidade que "são inconstitucionais leis que restrinjam o uso de carros particulares no transporte remunerado de pessoas", ressaltando que tal tentativa de controle é "inconstitucional, por violação aos princípios da livre iniciativa e livre concorrência".

A decisão, que deve servir como base legal não só para a atuação da Uber, mas para a de todas as companhias que adotam o modelo, beneficiando quem lucra com a intermediação de corridas, foi proferida em 8 de maio de 2019. Isso, o mesmo dia da greve mundial de motoristas e da abertura de capital da pioneira.

MARICÁ (RJ), A CAPITAL DO PASSE LIVRE NO BRASIL

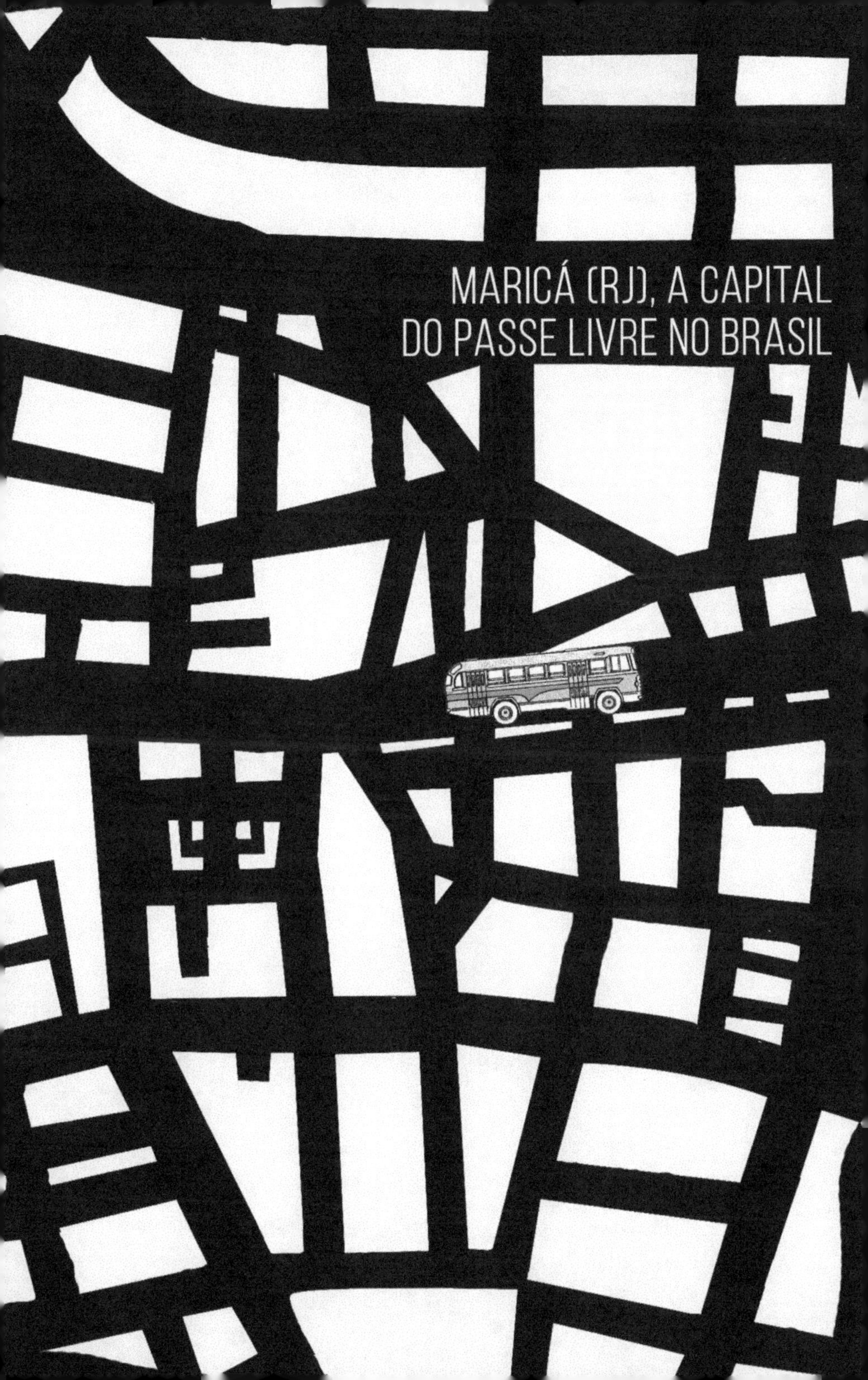

Maricá (RJ), a capital do passe livre no Brasil

Acionar tribunais contra prefeituras não é uma exclusividade de empresas de aplicativos de transporte. Em outro caso, foram empresas de ônibus que decidiram procurar a Justiça. Só que, ao contrário da Uber, que alegou na sua ação que o poder público estava atuando de maneira inconstitucional por tentar impor restrições a uma atividade econômica, as companhias solicitaram liminares para tentar impedir a criação de um sistema de transporte paralelo baseado em passe livre, iniciativa que classificaram como concorrência desleal. A disputa teve início após a criação em 2015 de uma empresa estatal de transporte seguida da abertura de linhas operando com tarifa zero pela prefeitura de Maricá (RJ), o que os empresários proprietários das viações Nossa Senhora do Amparo e Costa Leste, únicas a operar na cidade até então, chamaram de *dumping*. O termo, em inglês, é utilizado para definir a prática em disputas comerciais de ofertar preços abaixo do valor de mercado para prejudicar a concorrência.

O caso é interessante para análise justamente porque se estrutura sobre a própria concepção do que é o transporte. Se for entendido como um serviço a ser consumido pela população, então as empresas realmente têm razão, o que a prefeitura fez foi "ofertar" linhas concorrentes para clientes com um preço artificial, inviabilizando o negócio. Agora, se transporte for entendido como um direito a ser garantido pelo Estado para toda a população, como previsto no artigo 6º da Constituição Federal, então a iniciativa do poder municipal pode ser compreendida como um esforço no sentido de universalizar e ampliar o acesso à mobilidade. E a acusação de concorrência desleal perde o sentido.

Maricá, que hoje tem 157.789 habitantes, é a única cidade com mais de 60 mil habitantes com políticas de passe livre de caráter universal no Brasil. A cidade tem 361,572 km^2, uma área extensa difícil de cobrir, e as rotas com linhas com tarifa zero ainda não alcançam toda a área urbana. Mas o sistema está em expansão. O município fica a cerca de 60 km da capital do estado do Rio de Janeiro.

A disputa tem um contexto que ajuda a exemplificar como podem ser intensas as relações entre empresas de ônibus e o poder público, e também como são complexas as disputas por poder no nível local. A Viação

Nossa Senhora do Amparo, uma das que procurou a Justiça, tem raízes profundas na estrutura econômica e política de Maricá. A empresa, criada em 10 de maio de 1950, é uma das mais antigas e poderosas do município. O fundador, Jacintho Luiz Caetano (1900-1986), foi um empresário pioneiro, que inaugurou rotas e estruturou a conexão da cidade com outras regiões. Foi ele quem estabeleceu as bases que permitiram ao grupo crescer e, além de linhas municipais, passar a operar também linhas intermunicipais atendendo os municípios de Niterói, Rio de Janeiro e São Gonçalo.

No *site* institucional, a Viação Nossa Senhora do Amparo informava em maio de 2019 contar com 280 ônibus e mil empregados, apresentando-se como uma das principais empregadoras e contribuintes do setor privado de Maricá. Quando tomou providências para instituir o passe livre na cidade em dezembro de 2014, o então prefeito Washington Luiz Cardoso Siqueira, o Quaquá, posicionou-se publicamente contra a família, reclamando da influência na política local e nas eleições anteriores. Foi durante seu segundo mandato que o governante, considerado uma das principais lideranças do Partido dos Trabalhadores (PT) no Rio de Janeiro, adotou uma estratégia agressiva, confrontando a influência privada do grupo na política com um discurso de defesa do bem público.

Sem poder simplesmente cancelar a concessão das duas empresas em função de contratos firmados antes de sua gestão, ele decidiu, em dezembro de 2014, criar a Empresa Pública de Transportes (EPT), adquiriu ônibus novos e organizou rotas operando com tarifa zero. Para marcar a diferença, comprou ônibus vermelhos, que contrastavam com os azuis operados pelas duas viações privadas. Apelidados de vermelhinhos, os novos ônibus municipais começaram a circular no começo de 2015 e passaram a atender parte da cidade, em um sistema paralelo ao comercial.

As empresas reagiram, envolveram o Sindicato das Empresas de Transportes Rodoviários do Estado do Rio de Janeiro (Setrerj) na disputa e conseguiram suspender a circulação dos vermelhinhos mais de uma vez. A disputa se arrastou em 2015 e 2016, mas a prefeitura conseguiu rever todas as decisões e colocar os vermelhinhos de novo nas ruas. Como uma reação à ofensiva judicial, Quaquá apertou a fiscalização sobre os ônibus das viações privadas, aplicando multas e até retirando alguns de circulação em função de problemas encontrados. Também conseguiu que a Câmara Municipal aprovasse uma lei que alterou o nome do Terminal Rodoviário Jacintho Luiz Caetano para Terminal Rodoviário Povo de Maricá. Além de eliminar o nome do patrono da Viação Nossa Senhora do Amparo, mandou retirar um busto do empresário do terminal e devolvê-lo para a família.

Nas eleições municipais de 2016, a questão do transporte tornou-se um ponto central. Quaquá, no fim do seu segundo mandato, indicou Fabiano Horta (PT) como seu sucessor. O passe livre fez a diferença e garantiu votos. A tarifa zero tornou-se tão emblemática na disputa que até o Ministério Público do Rio de Janeiro entrou em ação, recomendando que o logo da Empresa Pública de Transportes, pintado em vermelho, fosse retirado dos vermelhinhos. Os promotores entenderam que, por ter a primeira letra diferente, a sigla EPT poderia ser entendida como uma referência ao PT. Prometendo dar continuidade ao passe livre, Horta foi eleito com 39.128 votos. O segundo colocado, Marcelo Delaroli (DEM) teve a candidatura indeferida por prática de abuso de poder econômico e seus 33.380 votos foram anulados. Com isso, Horta contabilizou 96,12% dos votos válidos.

O resultado afetou as duas empresas. A Viação Costa Leste não conseguiu continuar operando. Em abril de 2017, seus ônibus deixaram de circular e a prefeitura alegou quebra de contrato. A empresa faliu e suas linhas passaram a ser cobertas por vermelhinhos. A Viação Nossa Senhora do Amparo, que não dependia somente das linhas municipais por também operar linhas intermunicipais, conseguiu sobreviver. Com muito mais estrutura que a primeira, a empresa adquiriu ônibus novos e passou a investir na imagem de serviço de excelência. Não é a primeira crise que o grupo atravessa. Durante o governo de Leonel Brizola (PDT), que tinha como bandeira a estatização dos transportes de todo o Rio de Janeiro, a empresa foi uma das encampadas. O Estado assumiu a administração em dezembro de 1985 e manteve o controle até 1988, quando o governo Moreira Franco (PMDB) reverteu a política de seu antecessor.

Dessa vez, porém, a empresa corre o risco de ter que deixar de operar em sua cidade natal. A concessão atual vence em 2020 e o prefeito Fabiano Horta (PT) já anunciou a intenção de não renovar o contrato, substituindo de vez o sistema privado pelas linhas abertas. Moradores de áreas ainda não atendidas cobram a expansão e a prefeitura tem condições de bancá-la. Em 2019, a estimativa da prefeitura era de 15 mil passageiros transportados por dia, ou 500 mil por mês, a um custo anual de cerca de R$ 15 milhões.

Para estruturar e manter a rede estatal, o município tem se valido de *royalties* pela exploração de petróleo em sua costa, uma receita crescente assegurada pela Lei n. 9.478, de 1997. Desde que Quaquá instituiu o sistema, a receita com *royalties* só aumentou. A cidade está entre as que mais recebem recursos do país. Em 2015, foram R$ 275 milhões adicionais no orçamento. Em 2016, R$ 301 milhões. Em 2017, o valor mais que dobrou: R$ 747 milhões, fenômeno que se repetiu em 2018, quando a cidade teve uma receita extra de R$ 1,4 bilhão. Os valores constam no Portal da Transparência do governo federal.

Apesar de em Maricá a fonte extra ter sido fundamental para a estruturação do sistema de passe livre, o ex-prefeito Quaquá defende que mesmo cidades que não contam com *royalties* podem adotar a política. Ele deixou o cargo em 2016 e, em função de um processo no qual foi acusado de abuso de poder político na disputa da reeleição em 2012, acabou condenado e tornou-se inelegível por um período de oito anos. Apesar de afastado dos pleitos, ele continua sendo uma figura influente e, como presidente do PT no estado do Rio de Janeiro, tem se posicionado publicamente a favor da expansão da tarifa zero no transporte público, inclusive para a capital. Em diferentes entrevistas, defendeu que seria possível gradualmente instituir o passe livre em metrópoles a partir de fórmulas que combinem financiamento baseado em repasses do governo federal com contribuições por parte de empresas privadas, que são beneficiadas por não ter mais que pagar vale-transporte quando há passe livre.

Dentro do PT, é um dos que defendem que recursos da Contribuição de Intervenção no Domínio Econômico (Cide-combustíveis) sejam destinados para subsidiar o transporte público. A Cide, imposto que incide na importação e comercialização de combustíveis, foi instituída em dezembro de 2001 com o objetivo de garantir recursos para o setor de transportes, especialmente construção e manutenção de infraestrutura. Quaquá entende que seria melhor priorizar o investimento dos recursos em redes coletivas municipalizando transferências, em vez de destiná-las para custear grandes obras viárias coordenadas pelo governo federal, que é basicamente o que acontece hoje.

Por enquanto, sem precisar de recursos federais, além dos *royalties* pagos pela extração de petróleo, Maricá segue utilizando seu orçamento superavitário para aprofundar a transformação no seu sistema de transportes. Além de expandir o passe livre para toda a cidade, o prefeito Fabiano Horta pretende transformar Maricá em um polo tecnológico para produção de ônibus híbridos movidos com energia elétrica e hidrogênio. Em 2018, a prefeitura assinou um acordo de parceria com o Instituto Alberto Luiz Coimbra de Pós-Graduação e Pesquisa de Engenharia (Coppe), da Universidade Federal do Rio de Janeiro, uma das principais instituições de ensino e pesquisa em engenharia da América Latina, assumindo o compromisso de financiar a produção das primeiras unidades de um novo modelo. Serão os primeiros vermelhinhos que não precisam de petróleo para circular.

Além de viabilizar a produção dos novos modelos, a parceria prevê a criação das bases do que a prefeitura está chamando de Parque Industrial Sustentável, o que pode ser um novo polo regional para produção de tecnologias de menor impacto ambiental nos transportes. Os ônibus híbridos, pensados para serem produzidos em série, são mais silenciosos, eficientes e menos poluentes que ônibus movidos a diesel. Em vez de fumaça, deixam uma trilha de gotas de água por onde passam, único resíduo direto gerado.

Paralelo ao projeto de fabricação de novos modelos, o poder municipal trabalha também com outras novidades. Já foram anunciadas a instalação de câmeras de monitoramento interno nos ônibus e o desenvolvimento de um aplicativo com informações em tempo real sobre as previsões e paradas de ônibus. Atrasos dos vermelhinhos têm sido motivo de críticas de vereadores de oposição, que sempre que podem procuram associar o serviço sem cobrança direta à baixa qualidade. Até um abaixo-assinado chegou a ser organizado para tentar pressionar pela abertura de novas concessões de linhas para a iniciativa privada.

Mesmo com as críticas, no entanto, a tarifa zero conta com apoio da prefeitura e a tendência é o modelo ser aprofundado, agora com esse viés ecológico. Também pensando em mobilidade sem emissões de poluentes, aliás, a cidade já tem projetos para instalação de suportes de bicicleta nos ônibus e criou uma rede própria de compartilhamento de bicicletas públicas, apelidas de vermelhinhas.

Maricá é a capital do passe livre no Brasil.

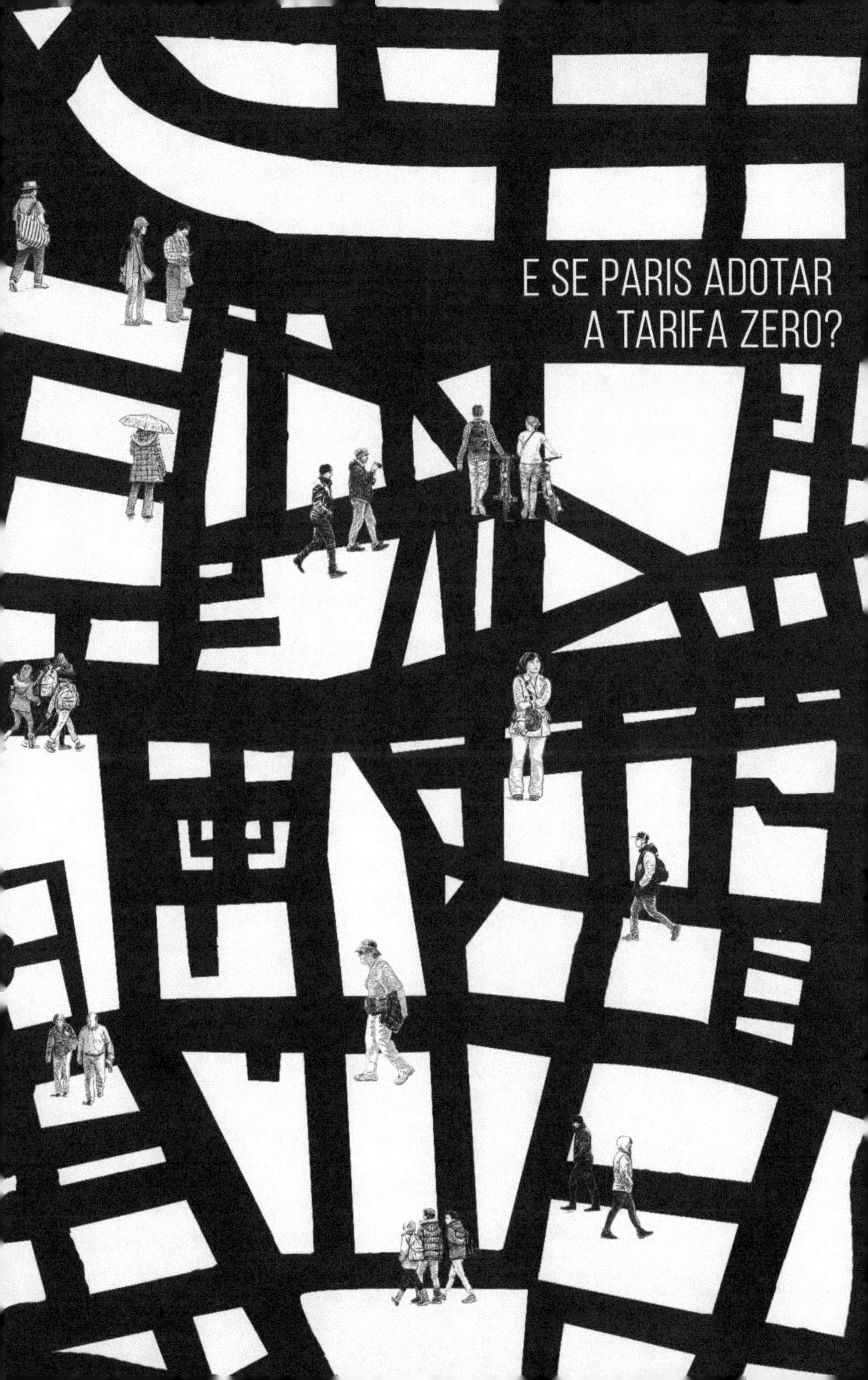
E SE PARIS ADOTAR
A TARIFA ZERO?

E se Paris adotar a tarifa zero?

A urbanização disparou nas últimas décadas no mundo e o resultado são cidades cada vez mais inchadas, com periferias transbordando de gente e congestionamentos constantes. O Departamento de Assuntos Econômicos e Sociais da Organização das Nações Unidas (ONU) estima que a maioria da população mundial, 55%, viva hoje em áreas urbanas. Na América do Norte (82% de urbanização), na América Latina (81%) e na Europa (74%), o êxodo rural das últimas décadas agravou problemas de circulação, e sistemas baseados em transporte motorizado individual estão colapsando.

Uma das premissas para defesa do passe livre é a necessidade de pensar e apresentar alternativas urgentes para o trânsito de pessoas em cidades originalmente formatadas para priorizar o transporte individual motorizado. Trata-se de uma tecnologia social com potencial de transformar a lógica da mobilidade, tornando metrópoles mais democráticas, sustentáveis e acessíveis. No mundo todo, tem aumentado a preocupação em relação ao crescimento populacional urbano, à emissão de poluentes e ao desperdício de combustível.

Foi com isso em consideração que a prefeitura de Paris passou a estudar seriamente a adoção do passe livre em todo seu sistema de transporte coletivo. Os levantamentos iniciais conduzidos pelo governo municipal deixam claro que adotar redes livres de cobrança direta é algo viável, não apenas para vilarejos e cidades com população reduzida, mas também para metrópoles dinâmicas e economicamente ativas. Primeiro, justamente pela dimensão do desafio, vale um olhar cuidadoso para o contexto.

Paris, com seus 2,2 milhões de habitantes, está entre as dez cidades mais populosas da Europa. A prefeitura estima que, considerando a região da Grande Paris, ou seja, não apenas a área da capital, mas também dos municípios vizinhos conurbados a ela e cidades próximas, a região concentre 12 milhões de habitantes, dos quais 93% se deslocam pela metrópole diariamente. São cerca de 11 milhões de viagens por dia, com duração média de 1h20, sendo 43% em automóveis e 20% em transporte público. Os números foram apresentados por Emmanuel Grégoire, vice-prefeito de Orçamento, Financiamento e Transformação de Políticas Públicas de Paris, durante a conferência Transporte Público

Livre para Todos: Sonho e Realidade, realizada em maio de 2018 em Talim, na Estônia. Oficialmente, a Metrópole da Grande Paris tem 7,2 milhões de habitantes.

Com base em dados de 2015 e estimativas para 2016, Grégoire apontou que o sistema custa cerca de 10 bilhões de euros por ano e é custeado principalmente por pagamentos indiretos. Ele lista, entre as fontes de receitas indiretas, as contribuições públicas, incluindo repasses de diferentes esferas administrativas, que correspondem a 19,5% (1,8 bilhão de euros); as taxas específicas para custear o transporte, que correspondem a 39,9% (3,75 bilhões de euros); os reembolsos pagos por empregadores para viagens de trabalhadores, que correspondem a 9,2% (861 milhões de euros); outras fontes diversas, incluindo ganhos com publicidade, que correspondem a 2,9% (275 milhões de euros). As receitas indiretas correspondem a 71,5% dos custos, enquanto as cobranças diretas de passagens cobrem apenas 28,5% (2,7 bilhões de euros).

Com a adoção do passe livre universal, a cidade poderia economizar com o sistema de cobranças e controle, o que reduziria o custo operacional. Isso, somado aos ganhos coletivos de fortalecer o transporte público, incluindo a perspectiva de reduzir a circulação de carros e, com isso, a poluição, pode compensar a perda da receita das passagens com a adoção da tarifa zero. "Temos que pensar em transporte público livre nas metrópoles e isso pode ter enorme impacto financeiro. Por isso, o primeiro passo é avaliar se é tecnicamente possível, além de politicamente desejável", explica Grégoire, que diz que a prefeitura envolveu pesquisadores no levantamento de números e dados para basear as decisões, incluindo equipes das principais universidades do país. Ele diz que a prefeitura considera o passe livre a melhor opção para "reduzir a poluição, promover alternativa ao transporte individual motorizado por meio de carros e ampliar a inclusão social".

A visão é coerente em relação à política nacional francesa de desestímulo ao uso de automóveis. A maneira como o país tem lidado com a questão pode ser uma boa referência sobre o que fazer – e o que não fazer também. É difícil alterar de um dia para o outro uma lógica estruturada e tão enraizada como a do rodoviarismo, e, além da dimensão ecológica, é fundamental ter em conta também questões sociais. Na França, o preço do combustível tem aumentado de maneira significativa e isso tem afetado significativamente moradores de regiões próximas às cidades, que dependem de seus carros para chegar ao trabalho. Considerando compromissos internacionais assumidos para redução de emissões de poluentes em função da mudança climática, o governo não lidou com o problema; pelo contrário, anunciou novos impostos para tornar ainda mais onerosos os deslocamentos baseados em transporte individual motorizado.

Esse foi um dos fatores que levou à explosão de revoltas populares em 2018, algumas delas consideravelmente violentas. Trajando coletes amarelos, item de segurança obrigatório nos carros no país, motoristas irritados promoveram quebra-quebra em Paris e provocaram uma crise no governo. No Brasil, no mesmo ano houve uma crise relacionada ao rodoviarismo e ao preço dos combustíveis, a revolta de caminhoneiros em relação ao preço do diesel. Utilizando WhatsApp, motoristas de diferentes regiões se organizaram para parar o país reivindicando combustível a um preço mais acessível e melhores condições. Bloquearam estradas, organizaram paralisações e pressionaram até o governo ceder.

Na França e no Brasil, assim como em muitos outros países, o sistema de mobilidade se estrutura de tal forma que a dependência de combustíveis fósseis pode ser comparada a um vício. Não é viável querer reduzir drasticamente o consumo, substituindo deslocamentos por automóveis por transporte coletivo de maneira repentina. Para evitar crises de abstinência, a mudança tem que ser gradual e acompanhada de alternativas.

Nesse sentido, ampliar o acesso ao transporte público, oferecendo uma saída, pode ser decisivo. Políticas de passe livre, não custa lembrar, costumam ter ótima aceitação e podem ajudar a minimizar o custo político de medidas restritivas. É preciso também pensar sempre nos trabalhadores, procurando minimizar o impacto de mudanças estruturais com planos que possibilitem redirecionamento de carreiras. Em um sistema de transporte público com tarifa zero, por exemplo, cobradores podem ser incorporados em novas funções ou até aproveitados para ampliar e melhorar o alcance e funcionamento das redes públicas. Demissões devem ser evitadas a todo custo.

É nesse contexto delicado de revoltas de motoristas e disputas em torno do modelo de mobilidade que Paris cautelosamente avança para mudar o sistema de cobranças do transporte público. A expectativa era de que Paris fosse anunciar prontamente metas e um cronograma para adoção da tarifa zero universal, mas os estudos realizados e a conjuntura política fizeram com que a prefeitura cancelasse a mudança imediata.

A possibilidade de tornar tal política permanente, porém, parece não estar totalmente descartada. Para setembro de 2019, a prefeita Anne Hidalgo, do Partido Socialista, anunciou a tarifa zero para todos os moradores com menos de 11 anos nos bondes, ônibus e trens que compõem a rede da cidade, e meia tarifa para estudantes. Além disso, quem tem menos de 18 anos poderá utilizar de graça o Velib, o sistema de bicicletas compartilhadas, e, nos dias de pico de poluição, a cidade deve repetir experiência de anos anteriores de liberar o uso sem cobranças, como forma de tentar reduzir os deslocamentos de carros particulares.

A cidade pode ter adiado a instituição do passe livre universal, mas seguirá avançando gradualmente com políticas para ampliar o acesso e uso de sua rede de transportes, e, ao que tudo indica, continuará estudando maneiras de viabilizá-lo. Emmanuel Grégoire diz que passe livre é um sonho.

A capital não é a única do país com defensores do transporte livre. Dunquerque, cidade costeira no norte a cerca de 15 km da fronteira da Bélgica, adotou tarifa zero universal em setembro de 2018, tornando-se a principal a abolir a cobrança de passagens no país. A novidade, uma promessa de campanha do prefeito Patrice Vergriete durante a disputa eleitoral de 2014, foi se concretizando gradualmente.

O primeiro teste foi em 2015, ano em que o prefeito suspendeu a cobrança de tarifas durante fins de semana e feriados. Segundo Vergriete, a mudança levou a um aumento do uso dos ônibus de 29% aos sábados e 78% nos domingos. Os resultados foram considerados satisfatórios e serviram de base para a decisão de oferecer transporte gratuito de maneira permanente durante toda a semana em toda a região metropolitana, que abrange dezessete municípios.

Três fatores principais motivaram a decisão. O primeiro foi o declínio populacional. Desde 1982, o número de residentes tanto do município quanto da região metropolitana vem despencando. O município passou de 100.404 habitantes nesse ano para 88.108 habitantes em 2016. Já a região metropolitana foi de 215.695 para 198.814 em 2013. A adoção do passe livre é entendida como uma forma de atrair moradores, em especial jovens.

O segundo fator é o aumento do uso de automóveis, que tem impactado toda área urbana. De 1991 a 2015, a proporção de deslocamentos de carros passou de 45% para 64%. No mesmo período, o uso de ônibus caiu de 5,7% para 4,7%.

O terceiro é o fato de, mesmo antes de a tarifa zero ser adotada, o sistema já ser praticamente coberto por financiamento indireto. A receita com passagens cobria, até 2018, o equivalente a 12% dos custos operacionais. A prefeitura pretende compensar a queda de arrecadação com um aumento de impostos para comércios locais. A expectativa é de que os benefícios para o comércio com o aumento da circulação de pessoas cubram com folga a mudança no sistema tributário. Os números foram organizados pelo analista político Henri Briche e apresentados em conferência em Talim, na Estônia, em 2016.

No exterior, há ainda outros exemplos a considerar. Depois da Estônia, que tomou medidas para tentar nacionalizar o transporte livre de cobranças, Luxemburgo anunciou a intenção de abolir as catracas em todo seu território. Hoje, quem tem menos de 20 anos já não paga passagens nos ônibus e trens. A ideia é que a medida seja expandida. Assim como em outras cidades, a medida tem como objetivo reverter a proporção no uso de automóveis. Hoje, 83% das viagens são em carros privados e 17% em transporte público.

Com o passe livre, os governantes almejam inverter a proporção e conseguir 75% dos deslocamentos em transporte público e 25% em automóveis. Como uma das referências para essa estimativa, os governantes utilizaram o sucesso que Dunquerque teve em estimular o transporte público ao abrir mão das cobranças nos fins de semana. Ainda não há dados sobre o resultado da política estendida para os outros dias da semana.

É claro que é mais fácil comparar a realidade de Luxemburgo com a de Dunquerque do que com qualquer outra cidade brasileira. O país é um estado soberano cravado entre Bélgica, França e Alemanha. Tem pouco mais de 600 mil habitantes e uma área pequena de 2.586 km^2. Para efeito de comparação, o município de São Paulo tem 12 milhões de habitantes e área de 1.521 km^2. Luxemburgo também é um país consideravelmente mais rico. O sistema de transporte público, que já é quase totalmente subsidiado, tem um custo anual de cerca de um bilhão de euros, enquanto a receita das passagens é de cerca de 30 milhões de euros, o que impulsionou a decisão de abolir passagens.

Na Europa, junto com Paris e Luxemburgo, Bucareste, capital da Romênia, com 1,8 milhão de habitantes, também tem um governo que entende que políticas de passe livre podem ajudar a livrar a cidade do trânsito de automóveis. A prefeita Gabriela Firea, eleita em 2016, já anunciou a intenção de universalizar a tarifa zero e tem estudado alternativas para viabilizar tal política. Suas primeiras medidas foram ampliar as categorias beneficiadas com passe livre.

Além de aposentados, veteranos de guerras, crianças com menos de 7 anos e portadores de necessidades especiais, agora estudantes com menos de 18 anos e acompanhantes de aposentados também podem utilizar o sistema de transporte público sem pagar. Se ela conseguir viabilizar tal mudança antes de Paris, a cidade pode se tornar a capital europeia mais populosa a adotar passe livre.

Na América do Norte, Victoria, no Canadá, começou a construir um meio de, gradualmente, adotar passe livre universal. A cidade tem 85.792 habitantes e sua região metropolitana 367.770, e mais da metade das emissões de carbono são relacionadas ao uso de transporte. Para tentar minimizar a poluição e melhorar o trânsito, o plano é incentivar o uso do transporte coletivo. Como um primeiro passo, a prefeita Lisa Helps apresentou a proposta de, em uma fase de testes, liberar o transporte sem cobranças diretas para quem tem menos de 19 anos a partir de 2020, cobrindo a perda de receitas com recursos obtidos com multas para quem estacionar carros em determinadas áreas aos domingos. A Câmara Municipal aprovou a ideia, apresentada como um primeiro passo para eliminar as cobranças de maneira definitiva nos próximos anos.

Há outros exemplos de cidades menores que mantêm ou mantiveram políticas de passe livre em um período recente com resultados interessantes. Na França, a comuna de Aubagne, com uma população de cerca de 100 mil pessoas, tem passe livre desde 2009. Logo nos dois primeiros anos, o número de usuários do transporte público mais do que dobrou e a quantidade de deslocamentos em automóveis diminuiu em cerca de 20%.

Hasselt, na Bélgica, que hoje tem 77.651 moradores, aboliu as cobranças diretas em 1997 e manteve a política até 2013, também com resultados significativos. De 350 mil passageiros transportados por ano, o número saltou para 4,5 milhões! Em Hasselt, vale registrar que a adoção da tarifa zero foi apenas parte de um plano de reordenamento pensado para tirar espaço para circulação de automóveis. No mesmo período em que foi instituído o passe livre, houve um reordenamento de anéis viários. Em vez de expandir e alargar o segundo anel viário da cidade, o prefeito Steve Stevaert reduziu o anel viário interno, diminuindo a largura da via e criando áreas verdes. Também eliminou vagas de carros na região central ao mesmo tempo que instituiu estacionamentos gratuitos do lado de fora, conectados com ciclovias e linhas de ônibus gratuitas. A cidade tornou-se mais agradável e o trânsito melhorou.

Entre as municipalidades menores, o caso da Polônia também chama a atenção. No país, o número de cidades a adotar tarifa zero disparou na última década. Hoje a estimativa é de que sejam mais de trinta cidades com população de até 100 mil habitantes com passe livre. "Menos de dez anos atrás, não havia nenhuma cidade polonesa que oferecesse tarifa zero total no transporte público. Ainda assim, a Polônia se tornou um dos líderes mundiais na abolição da tarifa. A Polônia é hoje um dos países com o maior número de cidades em que passageiros podem utilizar o sistema sem cobrança direta", escreve o pesquisador Łukasz Ługowski, em seu artigo "Polônia: o improvável líder no transporte público gratuito".

Uma das cidades mais conhecidas é Żory, que fica perto da Cracóvia, no caminho da estrada que liga o país à República Tcheca. Com 62 mil moradores, foi uma das primeiras a adotar a política e chegou a sediar um encontro internacional para discutir passe livre em 2014. "Muitos moradores hoje já entendem que não precisam mais de um carro vivendo na cidade. O transporte público é acessível e pontual", resume Anna Ujma, assessora do prefeito que tem representado a cidade em conferências internacionais sobre o tema.

A Alemanha também conta com cidades pequenas com passe livre, mas até agora a experiência se resume a casos especiais, como pequenos vilarejos turísticos. Templin, com seus 16 mil moradores, e Tübingen, com 90 mil, são exemplos. O país chegou a cogitar a adoção de tarifa zero em caráter experimental em Bonn, Essen, Herrenberg,

Mannheim e Reutlingen. De acordo com a pesquisadora Judith Dellheim, especialista em Economia Solidária do Instituto de Análise Social da Fundação Rosa Luxemburgo em Berlim, a ideia foi recebida com entusiasmo por muitos. Existe apoio de boa parte da população em relação à tarifa zero. Após apresentar a sugestão como um caminho possível para reduzir emissões de carbono, no entanto, o governo federal não chegou a tomar nenhum passo concreto para viabilizar a medida.

A pesquisadora destaca a dependência da Alemanha em relação à indústria automotiva, a principal do país, e lembra que 77% dos carros produzidos são para exportação. Um em cada cinco carros no mundo ostentam uma marca alemã. Envolver a sociedade na discussão de modelos alternativos pode ser o caminho para romper alguns desses paradigmas, cada vez mais insustentáveis em um mundo com crescimento populacional e recursos naturais limitados. "Debater transporte público local e suas políticas de financiamento é uma grande oportunidade para desenvolver e acelerar discussões, projetos e estratégias sobre como estabelecer uma sociedade baseada em formas mais solidárias de vida. Isso é, para elaborar e introduzir transformações socioambientais profundas", aponta.

Nos Estados Unidos e em outras partes também há experiências, mas normalmente limitadas a pequenas áreas rurais e urbanas ou em comunidades universitárias.

Essa não é uma relação completa, mas sim uma base que pode servir de ponto de partida para busca de mais referências. Há regiões em que não é tão fácil obter dados, seja por falta de transparência na difusão de dados técnicos, seja por barreiras de idioma; na China, por exemplo, há experiências de passe livre, incluindo a de instituição de horários sem cobrança, uma forma de tentar distribuir melhor os picos de concentração de passageiros. Pode ser eficiente para regular os fluxos, mas é uma prática polêmica por significar que somente quem tem dinheiro pode acessar o sistema nos melhores horários.

Em resumo, as realidades listadas são distintas e variadas, mas o exercício de identificar experiências com uma contextualização mínima pode ajudar a imaginar alternativas. Além disso, conhecer as principais referências pode ser útil para ganhar também dimensão de uma tendência que vai contra a uberização do mundo e que ganha força em muitos países: a priorização do transporte coletivo em detrimento do transporte motorizado individual.

Quem pesquisa mobilidade tem cada vez mais claro que é inviável seguir apostando em políticas públicas para possibilitar que toda a população se desloque prioritariamente em carros ou motos. Não importa se em países ricos ou pobres, se em metrópoles ou vilarejos, a análise de dados aponta que os custos de uma mobilidade baseada em veículos privados são coletivos e não se justificam. Em um contexto de crescimento populacional geométrico e a perspectiva de recursos naturais limitados, repensar sistemas baseados em automóveis é cada vez mais urgente.

Essa percepção faz com que, além de mudanças no sistema tarifário do transporte, algumas das principais metrópoles do planeta passem a buscar caminhos alternativos, com o fechamento de avenidas e abertura de áreas para pedestres. Talvez o movimento mais simbólico nesse sentido seja a transformação da Times Square, área de intersecção de duas avenidas em Nova Iorque, que foi fechada para carros e aberta para pedestres. Ou a abertura de cicloavenidas em Londres. Ou a criação de calçadões livres de carros nas margens do Sena, em Paris.

Mais e mais cidades criam zonas livres de carros.

O COLAPSO DAS CIDADES BASEADAS
NO TRANSPORTE PRIVADO

O colapso das cidades baseadas no transporte privado

Nem sempre as cidades foram dos automóveis. Na realidade, a ideia de reservar espaço para o deslocamento de automóveis, priorizando o transporte individual motorizado em detrimento dos sistemas públicos coletivos ou de mobilidade ativa, é relativamente recente - entende-se mobilidade ativa como todas as formas de transporte com propulsão humana, como bicicletas, skates, patinetes, ou mesmo simples caminhadas. No Brasil, as organizações Cidade Ativa, CidadeaPé e Transporte Ativo, entre outras, procuram incentivar e contribuir na construção de políticas públicas de mobilidade ativa.

Há pouco mais de cem anos, em todo o mundo as ruas eram espaços livres e coletivos para circulação de pessoas, sendo os veículos privados a exceção. Em algumas décadas, os centros urbanos foram totalmente reconfigurados, a maneira como a humanidade sempre viveu foi deixada para trás e teve início uma nova era fraturada por avenidas, pontes, túneis, viadutos, com a multiplicação de zonas em que é inviável (ou mesmo proibido) circular sem um carro. Tal mudança aconteceu com velocidade, mas não ao acaso.

O rodoviarismo foi acelerado pela indústria de automóveis, que investiu de maneira planejada na propagação do uso de veículos motorizados, por meio de uma ação coordenada de estímulo de vendas, reconfiguração do espaço público e desestímulo do uso de sistemas de transporte coletivo. A estratégia incluiu campanhas de marketing e propaganda, entre as quais a de ridicularização de quem ousasse atravessar uma rua fora das faixas de pedestres. Nos Estados Unidos, onde a produção industrial de automóveis teve início no começo do século XX, cunhou-se o termo pejorativo *jaywalking*, uma crítica ao comportamento de quem era de fora de Nova Iorque (os *jay*) e não conhecia as novas regras para andar na cidade.

De maneira sofisticada e sempre com estímulo da indústria automobilística, formaram-se grupos e associações de motoristas para pressionar políticos a adotarem as adaptações necessárias e, ao mesmo tempo, desacreditar qualquer um que se opusesse às novidades, incluindo aí pais e mães indignados em não poder mais deixar as crianças brincarem livremente. A ideia de que ruas são perigosas para pessoas foi naturalizada e a infraestrutura nascente de transporte coletivo, sabotada. Redes de bondes e transportes sobre trilhos recém-construídas foram desmanteladas de propósito e substituídas por asfalto. A história de como esse processo se deu é contada em detalhes pelo historiador Peter Norton em seu livro *Fighting Traffic: The Dawn of the Motor Age in the American City* (Combatendo congestionamentos: o alvorecer da era do motor na cidade americana).

Um momento simbólico das disputas para determinar o formato e modo de funcionamento das cidades do futuro foi a contraposição de modelos radicalmente diferentes na Exibição Mundial de Nova Iorque, realizada em 1939 com o mote "O mundo do amanhã". Em sua análise *Just Mobility, Postfossil Conversion and Free Public Transport* (Mobilidade justa, conversão pós-fóssil e transporte público livre), que escreveu junto com o cientista político Mario Candeias, o filósofo Michael Brie apresenta as duas projeções de cidades contrapostas na exibição:

- De um lado, a Democracity, uma cidade democrática prevista para 2039 dividida em raios ao redor de uma área pública para tomada de decisões coletivas, uma cidade pensada para conectar organicamente trabalho e lazer, indústria e agricultura, com ar fresco e sol para todas as pessoas, abastecida por energia renovável a partir de aproveitamento de água.

- Do outro, a Futurama, uma maquete enorme do "maravilhoso mundo de 1960" organizada pela General Motors em um pavilhão repleto de veículos em miniatura, com estradas conectando uma cidade com as áreas residencial, industrial e de serviços marcadamente separadas e desconectadas para "melhor eficiência". Apresentada como uma ode ao empreendedorismo individual, a Futurama foi pensada ao redor de uma área central com arranha-céus, cada qual com seu heliporto.

O modelo Futurama defendido pela empresa acabou sendo o mais disseminado, não só nos Estados Unidos, mas em todo o planeta.

No Brasil, desde o começo, o rodoviarismo ganhou defensores entusiasmados que abriram caminho para políticas de priorização do trânsito de automóveis. No começo do século passado, Washington Luís, ex-governador de São Paulo (1920-1924) e ex-presidente (1926-1930), tornou-se conhecido por repetir que "governar é abrir estradas" - ele também dizia que a ordem pública era mais importante que tudo, e apresentava a questão social como "caso de polícia".

Nas cidades, a lógica se materializou no alargamento de ruas, na substituição dos sistemas de trilhos e bondes por asfalto e na abertura de autopistas em todos os cantos. O caso de São Paulo talvez seja o mais emblemático. A cidade sofreu transformações radicais graças à readequação urbana em favor dos automóveis com o Plano de Avenidas de Francisco Prestes Maia, prefeito por duas vezes (1938-1945 e 1961-1965).

Com uma estratégia agressiva, Prestes Maia traçou avenidas margeando ou se sobrepondo aos rios, únicas áreas ainda vazias da capital. Com isso, várzeas foram encobertas, rios e córregos canalizados. Em entrevista ao documentário *Entre rios: a urbanização de São Paulo,* o historiador Marco Antônio Sávio discorre sobre as transformações no século passado: "o carro em São Paulo se transforma em uma peça-chave em um discurso de modernização; não uma modernização progressista, mas uma modernização conservadora que se propunha a transformar São Paulo na Chicago da América do Sul. Ou seja, uma cidade tipicamente americana tomada por arranha-céus, com autopistas e automóveis espalhados por toda a cidade." O documentário apresenta um histórico importante de como o processo de abertura de avenidas sobre os leitos fluviais se deu em São Paulo.

Com menor ou maior intensidade, a reorganização das cidades cortadas pelas novas artérias viárias repetiu-se em todo o país por meio de obras agressivas de infraestrutura; se não com asfaltamento de rios, com derrubadas de casas e trechos de mata urbana ainda preservados, desapropriações e remoções que afetaram principalmente as pessoas mais pobres.

No plano nacional, a política rodoviarista defendida por Washington Luís teve continuidade nos governos seguintes, recebendo apoio do presidente Getúlio Vargas (1930-1945 e 1951-1954) e especial atenção por parte de seu sucessor, o presidente Juscelino Kubitschek (1955-1960). Ele transferiu a capital federal para Brasília, cidade recém-construída pensada quase exclusivamente para o trânsito de automóveis, e, com seu ambicioso Plano de Metas e o anúncio de tentar fazer o Brasil progredir cinquenta anos em cinco, criou em 1956 o Grupo Executivo da Indústria Automobilística (Geia). Instituiu assim os primeiros financiamentos generosos para que montadoras estrangeiras se instalassem no Brasil.

Foi o início de uma série de benefícios fiscais e concessões que tiveram continuidade nas décadas seguintes. Por meio de relações em que público e privado se confundem constantemente, a indústria automobilística conseguiu manter-se próxima aos centros de poder o tempo todo, beneficiando-se de períodos tão díspares quanto a Ditadura (1964-1985) e os governos do PT (2003-2016). No primeiro período, vale destacar a colaboração da Volkswagen com a repressão. Em seu livro *Empresas alemãs no Brasil, o 7x1 na economia*, o jornalista e ativista de direitos humanos alemão Christian Russau narra em detalhes como a empresa ajudou forças policialescas na perseguição de seus próprios empregados, alguns dos quais torturados nas fábricas em que trabalhavam.

No segundo período, cabe um olhar atento para as seguidas políticas de desconto de Imposto sobre Produtos Industrializados (IPI) para a indústria automobilística concedidas pelo presidente Luiz Inácio Lula da Silva (2003-2007 e 2007-2011) e pela presidenta Dilma Rousseff (2011-2014 e 2014-2016). O ex-presidente Lula chegou a ser acusado de favorecer empresas de maneira irregular. Em setembro de 2017, o Ministério Público Federal do Distrito Federal apresentou denúncia de que a Medida Provisória n. 471/2009, uma das que determinaram redução de IPI para montadoras, teria sido comprada por representantes da indústria automobilística.

A denúncia foi fundamentada na Operação Zelotes, criada para investigar organizações criminosas que atuavam junto ao Conselho Administrativo de Recursos Fiscais (Carf). Além de Lula, o ex-ministro Gilberto Carvalho, então chefe de gabinete da Presidência da República, também foi denunciado. Ambos negam irregularidades na promulgação da lei. A defesa classifica o episódio como parte de perseguição judicial e política sofrida pelo ex-presidente e critica a falta de embasamento ou de provas concretas.

Como política pública, o estímulo à aquisição de automóveis e motos novas, com generosos subsídios e financiamentos para a produção e importação, incluindo aí as já mencionadas isenções de IPI para montadoras, faz sentido se a prioridade for aumentar o consumo e garantir que cada pessoa possa ter seu veículo privado. É uma perspectiva desenvolvimentista, coerente com a política econômica que Lula e Dilma abraçaram durante seus governos.

Aumentar a produção de automóveis permite preços mais competitivos, democratiza o acesso aos automóveis, estimula a indústria nacional e ainda gera empregos - fator que tem um peso especial para Lula, ex-sindicalista de São Bernardo do Campo (SP), um dos principais polos automotivos do país.

O problema é que, considerando a mobilidade, a tática de estimular a motorização do país foi desastrosa. Quando o PT assumiu o governo federal, o aumento da concentração de veículos privados por habitantes no Brasil já era uma tendência, com impactos nos principais centros urbanos. Pesquisadores e institutos, incluindo os vinculados ao governo federal, como o Instituto de Pesquisa Econômica Aplicada (Ipea), já alertavam para o problema, evidenciado pelas estatísticas oficiais.

Em 1998, quando a população brasileira era de 169 milhões, o número de veículos registrados pelo Departamento Nacional de Trânsito (Denatran) era de pouco mais de 24 milhões, sendo 17 milhões de carros (um para cada 9,9 habitantes) e 2,5 milhões de motos (uma para cada 66,6). Em 2018, vinte anos depois, enquanto a população saltou para 208 milhões, o número de veículos pulou para 99 milhões, sendo 53,8 milhões de carros (um para cada 3,8 habitantes) e 22 milhões de motos (uma para cada 9,4). Os dados foram levantados a partir das estatísticas públicas do Departamento Nacional de Trânsito (Denatran) e do Instituto Brasileiro de Geografia e Estatística (IBGE).

A produção estimulada ajudou o setor a alcançar marcas inéditas na história do Brasil. Desde 2007, a indústria automotiva produz ou importa pelo menos 2 milhões de carros, veículos comerciais, caminhões e ônibus por ano, com um pico de 3,8 milhões de veículos em 2012, conforme dados da Associação Nacional dos Fabricantes de Veículos Automotores (Anfavea). O patamar alcançado em 2007 se mantém, mesmo com crises econômicas e demissão de trabalhadores. Pelo menos 2 milhões de unidades novas são lançadas anualmente, a maioria carros. Em 2018, dos 2,8 milhões de unidades novas, 2,7 milhões eram veículos leves, dos quais 2,3 milhões carros e 358.981 veículos comerciais leves. Caminhões foram apenas 105.534 e ônibus, 28.536.

É nos centros urbanos que o crescimento da proporção de veículos por habitante é sentido com mais intensidade. Na cidade de São Paulo, no final de 2018 havia 5,7 milhões de carros registrados para uma população de 12,1 milhões, praticamente um carro para cada duas pessoas! Para comparação, o número de ônibus registrados na capital no final do mesmo ano era de 45.544, ou seja, um ônibus para cada 267 pessoas. A diferença explicita a desigualdade em um trânsito congestionado por carros e motos que normalmente transportam uma só pessoa e que dividem espaço com ônibus superlotados que se assemelham a latas de sardinha.

A motorização subsidiada pelo governo federal nos últimos anos foi a base que permitiu rapidamente a expansão de sistemas de transporte baseados em aplicativos como Uber e similares. O fato de os centros urbanos concentrarem grande número de desempregados que, mesmo em condições difíceis, mantêm ou adquirem carros, tornou-se fator decisivo para que o modelo de negócios de tais multinacionais funcionasse. A possibilidade de financiamento de veículos novos e a promessa de rendimentos compatíveis, ainda que em condições precárias e jornadas extensas, possibilitou a continuidade e permite hoje a expansão de tal sistema de intermediação digital.

Assim, os descontos para a produção e comercialização de automóveis também podem ser entendidos como uma espécie de subsídio para a uberização da mobilidade, junto com a abertura de estradas, avenidas e autopistas por todas as partes, custeadas parcial ou integralmente com dinheiro de impostos pagos inclusive por quem não tem carro. Gasta-se mais para ampliar a frota de carros e motos e garantir sua circulação do que para viabilizar mais viagens em metrôs, trens e ônibus com conforto, segurança e comodidade. E essa é uma opção política, não técnica.

A estratégia tem resultado em mais trânsito, poluição e frustração. Mesmo com investimentos constantes, sistemas de mobilidade que priorizam o deslocamento de carros e motos não funcionam. Sempre haverá congestionamentos, por mais que o Estado invista dinheiro de impostos na expansão de avenidas, construção de túneis, viadutos e pontes, e criação de anéis viários. Tal qual uma pessoa acima do peso que vê como solução para a barriga crescente afrouxar sempre o cinto, governantes procuram constantemente alargar o espaço para o trânsito de carros. O espaço adicional pode garantir alívio imediato, mas, a médio prazo, se nenhuma medida for tomada para enfrentar a raiz do problema, o inchaço só aumenta.

Os recursos poderiam ser destinados para as redes coletivas, inclusive para subsidiar a redução de preços ou mesmo isenção de cobrança para uso de transporte público. As pessoas vivem para ter carros potentes e as políticas públicas procuram atender essa demanda. O automóvel tornou-se sonho de consumo e peça fundamental na organização da economia capitalista. O Estado realiza obras, subsidia a produção e comercialização de veículos novos, oferece desconto de impostos e incentivos a pacotes de financiamento em parcelas infinitas. E, assim, endividado ou não, quem tem um carro ou moto é bem-sucedido, quem não tem, fracassado.

Hoje é cada vez mais difícil encontrar cidades e regiões livres de carros. O plano de adaptar o planeta para o uso do automóvel foi cumprido; mas não dá para dizer que foi um sucesso. Os limites ficam evidentes ao se olhar para dados organizados com um mínimo de cuidado metodológico e científico. São questões que vão além dos congestionamentos, além da imobilidade natural gerada por redes que priorizam transporte individual motorizado. Envolvem índices de mortalidade altíssimos, impactos diretos e indiretos no sistema de saúde, degradação ambiental e social. Gestores públicos que pretendam pensar em alternativas que ajudem a alterar o paradigma da mobilidade, como a adoção de passe livre universal, precisam tentar medir o problema de maneira integral, procurando trabalhar com todas as variáveis relacionadas ao trânsito.

Um dos principais argumentos em defesa do automóvel é a suposta eficiência dessa modalidade em relação a outras. Em termos individuais, em situações isoladas e em determinados momentos, usar o carro pode até ser mais vantajoso do que ir de trem, ônibus, metrô, bonde, bicicleta ou a pé, mas, em termos coletivos, quando pensado como parte de um sistema, o automóvel é sinônimo de imobilidade e representa um alto custo social e econômico.

Um exemplo concreto disso é o caso de São Paulo, a cidade que apostou de um jeito radical no modelo de avenidas formatadas para maximizar a circulação de automóveis. De acordo com a Companhia de Engenharia de Tráfego (CET) da cidade, a média de velocidade do trânsito em 2017 foi de 24,8 km/h de manhã e de 18,5 km/h de tarde. Os dados são da Pesquisa de Monitoração da Mobilidade no Sistema Viário Principal: Volume e Velocidade, apresentada em julho de 2018, e fazem parte de uma projeção feita a partir do monitoramento de diferentes vias. Assim, servem apenas como uma referência, mas ajudam a dimensionar quão lento é o trânsito da cidade.

Em ruas entupidas, carros circulam lentamente afetando o trânsito dos ônibus e retardando as redes de transporte coletivo em um círculo vicioso. Segundo a CET, oito de cada dez veículos em circulação em 2017 foram carros, uma proporção que pouco variou na última década. O estudo detalha: "automóveis representam 79,2% da frota, seguidos pelas motocicletas com 15,3%. Caminhões são 1,5% da frota, ônibus urbanos 2,7%, ônibus fretados 0,4% e as bicicletas 0,9%." Houve ligeira queda nos índices de congestionamento da cidade em 2015 e 2016, associada à crise econômica por uns, à redução de limites de velocidade por outros (que diminui o efeito multiplicador de freadas bruscas na formação de congestionamentos) e ao estabelecimento de ciclofaixas e de faixas exclusivas de ônibus por terceiros. Em termos gerais, no entanto, na média o trânsito continua lento, um reflexo da opção de se priorizar o deslocamento de automóveis.

Em São Paulo, o problema pode se agravar com a tendência de adensamento da cidade combinada com o aumento da proporção de posse de veículos por habitante. Isso sem falar no efeito provocado pela hiperutilização das vias decorrente da popularização dos aplicativos de transporte. Conforme apontado anteriormente, ainda não há levantamentos, mas pesquisadores da área de mobilidade trabalham com a perspectiva de cada vez mais parte da frota da cidade estar em circulação constante, com motoristas precarizados gerenciados pelos novos aplicativos de transporte procurando cumprir jornadas longas para ampliar os ganhos.

Numa perspectiva histórica, a busca por soluções é uma constante. Nos últimos anos, com mais veículos nas ruas, as administrações municipais adotaram, com resultados normalmente pífios, estratégias agressivas para tentar melhorar a fluidez. Um dos casos mais extremos talvez tenha sido o da gestão de Alexandre de Moraes (PSDB) como secretário municipal de Transportes de São Paulo, que, em 2009, em meio a medidas como a redução do tempo de semáforos para a travessia de pedestres e a remoção de valetas e lombadas para permitir mais rapidez aos automóveis, chegou a afirmar, no evento Circulação e Trânsito, organizado em 31 de março de 2009 pela Associação Paulista do Ministério Público de São Paulo, que "há medidas para ampliar a segurança, mas não implantamos pois prejudicam o trânsito".

A revista *Veja*, em reportagem publicada em 18 de setembro de 2009, lamentou: "Acidentes com vítima causam muita lentidão. Quando a pessoa morre, demora para a pista ser liberada. Tem de esperar a perícia chegar, e às vezes isso para todo o trânsito. O impacto de um acidente com morte é o mesmo de um veículo quebrado". No mesmo texto, ao ser consultado sobre medidas para o transporte público, Alexandre de Moraes anunciou que, "pela primeira vez na história, congelamos o subsídio dos transportes. Esse valor chegou a quase 1 bilhão de reais. O objetivo é não atingir nunca mais os 600 milhões de reais por ano, como vinha acontecendo". Em vez de ajudar a custear e assim reduzir o valor das passagens, ele informou que destinaria os recursos reservados para o transporte público para obras de expansão do metrô e abertura de corredores de ônibus e... para a construção do novo rodoanel viário. As visões de Moraes sobre mobilidade são tão radicais que se tornaram um exemplo concreto de gestão rodoviarista.

Priorizando a fluidez em detrimento da defesa da vida, ele ficou à frente da pasta durante praticamente toda a gestão do prefeito Gilberto Kassab (então DEM, hoje PSD), de 2007 até 2010, acumulando as presidências da Companhia de Engenharia de Tráfego (CET) e da SPTrans (São Paulo Transportes). Não conseguiu resolver o problema dos congestionamentos de São Paulo, mas, com bom trânsito não só com o PSD, mas também com PSDB e MDB, foi nomeado em 2017 ministro do Supremo Tribunal Federal pelo presidente Michel Temer (MDB).

A gravidade de se procurar acelerar o trânsito sacrificando a segurança é evidenciada a partir de uma análise de dados sobre número de vítimas de colisões e atropelamentos no Brasil. Há duas fontes principais de informações a respeito: os registros do Sistema Único de Saúde (SUS) e os de pedidos de indenização feitos com base no seguro de Danos Pessoais Causados por Veículos Automotores de Via Terrestre (DPVAT). Apesar de apresentarem variações, ambos indicam uma situação emergencial.

Segundo estatísticas do Sistema de Informações sobre Mortalidade do SUS, de 1996 a 2016 morreram 786.257 pessoas em "acidentes de transporte", dentre os quais, 639.558 homens e 146.295 mulheres (há também 404 em que o gênero não é informado). Só em 2016, ano da última atualização de dados do sistema, foram 38.265 mortes no trânsito. O sistema da seguradora que administra o DPVAT, que concentra os casos em que o seguro foi acionado, registrou para o mesmo ano 33.547 mortes. Em 2017, na contagem do DPVAT esse número saltou para 41.151 e, em 2018, de janeiro a julho, já estava em 22.503. O descaso com a vida é imenso, apesar de o tema nem sempre ganhar o destaque que merece. No trânsito, a situação é quase tão grave quanto a da segurança pública.

Para efeito de comparação, na mesma década, entre 1996 e 2016, morreram 1.059.201 pessoas vítimas de homicídio. Em 2016, o Brasil alcançou a marca recorde de 62.517 homicídios, dos quais 44.475 por armas de fogo, conforme aponta o Atlas da Violência 2018, organizado a partir de uma parceria entre o Instituto de Pesquisa Econômica Aplicada (Ipea) e o Fórum Brasileiro de Segurança Pública, com base em informações do Ministério da Saúde. O número de mortes no trânsito se aproxima do número de homicídios.

Os números talvez não ajudem a dimensionar a situação tão bem quanto comparações. Com base em dados de 2013, a Organização Mundial de Saúde (OMS) publicou levantamento estimando a taxa de mortalidade em estradas para cada 100 mil habitantes. Com um índice de 23,4 mortes a cada 100 mil habitantes, o Brasil ficou junto com a República Dominicana (29,3) entre os piores colocados da América. Não só no Brasil, mas no mundo todo a quantidade de gente que morre no trânsito é considerada tão estarrecedora que a ONU lançou, em maio de 2011, a proposta de criar a Década de Ação pela Segurança no Trânsito 2011-2020, com uma série de medidas e recomendações para frear a carnificina.

Entre as orientações listadas na publicação *Salvar VIDAS: pacote de medidas técnicas para a segurança no trânsito*, a OMS orientou governantes a "fixar o limite de velocidade dos veículos nas vias urbanas em 50 km/h em geral e 30 km/h nas zonas residenciais e nos locais em que se misturam um grande fluxo de pedestres e/ou ciclistas e veículos", a "rever regularmente os limites de velocidade e verificar se são seguros", a "informar os condutores ao sinalizar os limites de velocidade legais e zelar pelo seu cumprimento" e a "construir vias para moderar o tráfego ou modificá-las para esse fim". Ou seja, criar "traçados viários autoexplicativos que estimulam e reforçam a velocidade desejada no local", considerando que, "em zonas urbanas, o projeto viário específico ou as soluções de engenharia a serem incluídas no projeto urbano são as rotatórias, o estreitamento da via, a moderação do tráfego, as lombadas, as chicanes e os sonorizadores, entre outros".

Quase dez anos se passaram, os números continuam altos e muitas das recomendações seguem ignoradas. Em dezembro de 2016, em meio à polêmica sobre o aumento de velocidade em vias urbanas em São Paulo, uma das principais bandeiras do então prefeito João Doria (PSDB), a OMS chegou a emitir um comunicado conclamando prefeitos novos e reeleitos a não aumentarem os limites de velocidade.

O documento mencionou especificamente o caso de São Paulo, mas Doria, que se elegeu com o *slogan* "acelera São Paulo", simplesmente passou por cima do apelo, atropelando também todas as estatísticas que associavam a redução do limite de velocidade em diferentes regiões da cidade no período anterior à diminuição do número de colisões e atropelamentos, e ampliou o limite máximo de velocidade em boa parte das avenidas que cortam a cidade, incluindo as marginais, como são conhecidas as avenidas que margeiam o Rio Pinheiros e o Rio Tietê. As duas pistas, onde historicamente se concentram as ocorrências mais graves, terminaram 2018 de novo como as mais letais, no topo da tabela. Em 2018, a marginal Pinheiros foi a avenida com mais ocorrências: 245 registros que deixaram 22 mortos e 297 feridos. A Tietê ficou em segundo lugar com 224 registros, sendo 14 mortos e 250 feridos.

O número de ocorrências fatais nas marginais, que vinha diminuindo em função da redução do limite de velocidade e outros cuidados adotados, voltou a subir depois do aumento de velocidade instituído em janeiro de 2017, quando Doria tomou posse. Na Pinheiros, o número de ocorrências com vítimas fatais foi de 28 em 2014, 17 em 2015 e 11 em 2016, para depois passar para 14 em 2017 e 20 em 2018. Na Tietê, foi de 37 em 2014, 26 em 2015 e 14 em 2016, para depois voltar a subir para 18 em 2017 e descer para 14 em 2018. Os números estão disponíveis no Relatório Anual de Acidentes de Trânsito 2018 da Companhia de Engenharia de Tráfego (CET) de São Paulo.

O aumento do número de mortes provocou reação da sociedade civil e, em nota conjunta em 23 de maio de 2019, as associações CidadeaPé e Ciclocidade lamentaram o "cumprimento da nefasta promessa eleitoral de, contra todas as evidências teóricas, empíricas e numéricas, aumentar os limites de velocidade máxima nas marginais Tietê e Pinheiros", lembrando que "desde 2014 a cidade vinha experimentando uma vertiginosa queda nas mortes no trânsito, consequência de uma política pública de redução das velocidades máximas implementada pela gestão anterior, somada à ampliação da infraestrutura cicloviária".

Os números relacionados a 2018 que evidenciam a curva ascendente no número de mortes desde que o limite de velocidade voltou a ser aumentado foram divulgados em 2019. Doria deixou a prefeitura em 6 de abril de 2018, no meio do mandato, para se candidatar ao governo do Estado de São Paulo. E foi eleito. À frente do estado, entre suas promessas e prioridades a partir de uma perspectiva rodoviarista está a concessão de rodovias à iniciativa privada e a criação de estradas "cênicas", para as pessoas fazerem turismo utilizando automóveis.

Além dos impactos no sistema público de saúde, privilegiar o deslocamento de transporte motorizado individual em detrimento do coletivo também gera outros custos indiretos muitas vezes invisibilizados. É preciso considerar na conta, por exemplo, mortes e adoecimentos relacionados ao agravamento da poluição nos centros urbanos, consequência de uma sociedade dependente de motores. As doenças respiratórias atingem principalmente idosos e crianças, e a concentração de poluentes agrava problemas circulatórios e está associada a outros males, podendo afetar até a fertilidade. Sociedades baseadas em carros tendem a ter altos índices de sedentarismo, obesidade e problemas de saúde relacionados à falta de exercícios físicos.

Nem sempre é fácil obter números específicos sobre impactos indiretos. Mesmo as informações sobre mobilidade nem sempre estão disponíveis ou são claras. Há uso político e tentativas de manipular o debate filtrando o que é divulgado ou não, em especial quando os números servem de base para disputas políticas. Apesar de avanços consideráveis, principalmente em função da aprovação da Lei de Acesso à Informação, alguns órgãos e departamentos estatais brasileiros ainda carecem de transparência e, em determinadas situações, tratam dados como bens privados; mesmo quando produzidos com financiamento público com objetivos públicos, como definição de políticas.

No entanto, ainda que existam obstáculos como a falta de transparência de alguns setores, pode-se dizer que hoje, no Brasil, há um conjunto de informações que ajudam a estimar e traçar um quadro claro da imobilidade decorrente da opção pelo rodoviarismo.

Considerados os impactos diretos e indiretos, o custo de manter cidades configuradas para privilegiar a circulação de transporte motorizado particular é coletivo e costuma ser bastante alto. Mesmo quem não tem carro paga por toda essa estrutura criada e mantida para atender quem tem. São recursos públicos provenientes de impostos pagos por toda a sociedade que fazem a diferença. Há taxas específicas apenas para motoristas, contudo, para o sistema funcionar é preciso que até quem não dirige contribua.

O esforço coletivo para manter um sistema de privilégio tem também aspectos simbólicos. As vagas gratuitas para estacionamento em espaço público, comuns em toda parte, talvez sejam o principal exemplo da generosa concessão feita para quem tem veículo privado. Existe estacionamento livre, mas não pode haver passe livre.

Quem tem veículo próprio e paga taxas específicas talvez se incomode com essa leitura crítica sobre o desequilíbrio orçamentário. O custo para manutenção de um carro ou moto é alto e, no Brasil, envolve o pagamento de Imposto sobre a Propriedade de Veículos Automotores (IPVA), seguro obrigatório para Danos Pessoais Causados por Veículos Automotores de Vias Terrestres (DPVAT), Certificado de Registro e Licenciamento de Veículo (CRLV), além dos custos com multas, inspeções e seguros particulares opcionais.

O conjunto de cobranças costuma ter impacto considerável no orçamento doméstico e é natural que quem se sacrifica para conseguir manter o veículo próprio acredite ter direito à infraestrutura adequada. Se eu pago todos os impostos em dia, o governo deveria, no mínimo, garantir ruas asfaltadas e sem buracos, trânsito livre e estacionamento fácil. É um argumento bastante razoável.

O problema é que a conta não é simples, ainda mais considerado o bem coletivo. Fazer um sistema de mobilidade que privilegia automóveis funcionar custa muito. Superfaturadas ou não, as constantes obras de ampliação necessárias para a malha viária não colapsar são caríssimas e geram desequilíbrio no orçamento. Basta um olhar rápido, por exemplo, para números do estado de São Paulo para ter melhor entendimento da questão. Na proposta orçamentária apresentada para 2019, a previsão de destinação de recursos para o Departamento de Estradas de Rodagem (DER) "administrar o sistema rodoviário estadual, sua integração com as rodovias municipais e federais e sua interação com os demais modos de transporte, objetivando o atendimento aos usuários no transporte de pessoas e cargas", era de R$ 6,2 bilhões. A conta inclui quase R$ 3 bilhões para "adequação da malha rodoviária" e R$ 1,7 bilhão para mais obras do trecho norte do novo rodoanel que circunda a capital.

No mesmo documento, a expectativa de receita vinculada ao pagamento de Imposto sobre a Propriedade de Veículos Automotores (IPVA) era de R$ 4,9 bilhões, parte que corresponde ao estado dos R$ 14 bilhões previstos de arrecadação com o imposto, já descontadas as transferências obrigatórias de 20% para o Fundo de Manutenção e Desenvolvimento da Educação Básica e de Valorização dos Profissionais da Educação (Fundeb) e de 50% para os municípios onde cada automóvel foi licenciado. Ou seja, só na manutenção de estradas, o governo estadual planejou de saída gastar R$ 1,3 bilhão a mais do que o obtido com o imposto cobrado de quem possui um automóvel, a diferença entre os R$ 6,2 bilhões reservados para o DER e os R$ 4,9 bilhões previstos. A disparidade é ainda maior se considerarmos que, contrariando a previsão inicial, a arrecadação inicial com o IPVA em 2019 foi, segundo dados da Secretaria da Fazenda do Estado, de R$ 11,1 bilhões. Ou seja, mais dinheiro de outras fontes inevitavelmente será destinado para cobrir a construção, manutenção e ampliação de estradas destinadas, prioritariamente, para a circulação de automóveis. Como parte da estratégia para equilibrar o orçamento, o governo anunciou o plano de conceder para a iniciativa privada rodovias construídas com recursos públicos ao longo dos últimos anos.

São Paulo é o estado que tem mais veículos registrados e o que mais arrecada com IPVA, mas é também um dos que mais gasta com megaobras viárias. Só o rodoanel que circula a capital, pensado para aliviar o trânsito desviando veículos, consumiu cerca de R$ 26 bilhões desde que foi lançado o primeiro edital para a construção do trecho inicial em 1998. A construção é considerada a obra viária mais cara do estado e serve como referência do volume de recursos destinados para a infraestrutura viária.

Se continuarmos a seguir a lógica rodoviarista, nem investimentos bilionários e megaobras como a do rodoanel de São Paulo vão resolver a questão dos congestionamentos. O aumento da capacidade de fluxo de automóveis, por vezes, após alívio inicial, acaba agravando o excesso de automóveis. Engarrafamentos cotidianos tornam impossível a circulação, estrangulando bairros inteiros. Cidades são como organismos que dependem de movimento para existir. Para um município funcionar, é preciso haver distribuição de alimentos, entrega de bens e produtos, retirada de lixo e outros dejetos. As pessoas têm que estar livres para se locomover, são as células que mantêm tudo funcionando.

A circulação é o que mantém o corpo urbano vivo; se alguma área fica isolada ou inacessível, gangrena. A morte do espaço público pode ser gradual ou imediata, em um cenário que sempre termina repleto de ruas desertas e perigosas, áreas degradadas, sujeira e abandono. Pessoas deixam suas casas cansadas de ficar presas sem poder chegar ou sair.

Nossas cidades estão gangrenando.

Conforme o quadro se deteriora, nos sistemas baseados em mobilidade individual motorizada, o remédio é sempre o mesmo. Surgem mais pontes, túneis, ampliações, adaptações arquitetônicas pensadas para o trânsito de automóveis, em uma sequência em que concreto, asfalto e grades transformam tudo em avenida. Ninguém quer morar ao lado de artérias entupidas por carros, poluição e barulho. As pessoas se deslocam para mais longe e acabam ficando mais tempo presas no trânsito. Os congestionamentos pioram. Abrem-se mais avenidas.

A necessidade de pensar em alternativas urgentes para o trânsito livre de pessoas para enfrentar o colapso da mobilidade nas cidades formatadas para facilitar o transporte individual motorizado é uma das bases para a defesa do passe livre.

PARTICIPAÇÃO SOCIAL, O EXEMPLO DE BOLONHA

Participação social, o exemplo de Bolonha

Se sistemas de mobilidade que priorizam os carros não funcionam bem, como indicam os números, qual a alternativa? Como criar condições para melhorar e facilitar a circulação nas cidades?

A resposta está na valorização dos sistemas de transporte público coletivo, os mais eficientes para deslocamento massivo cotidiano. A criação de redes acessíveis e de fácil utilização é fundamental para reduzir congestionamentos e melhorar a qualidade de vida da população. É do interesse de todas as pessoas, ricas ou pobres, ter uma cidade com menos engarrafamentos, fumaça, barulho, atropelamentos. Então, por que não adotar passe livre universal? É possível abolir as tarifas? Dá para imaginar sistemas livres, sem cobrança direta? Mesmo sem catracas, os custos de ampliação, operação e manutenção continuam. Como financiar o funcionamento das redes então?

São questões abertas e cada resposta depende de contextos e conjunturas locais. Não existe uma fórmula mágica ou modelo único para a adoção do passe livre e o que funciona em uma cidade durante determinado período pode ser diferente do que funciona em outra. Variações incluem apoio à ideia por parte da população, tamanho da rede, custos previstos e alternativas possíveis de financiamento, além da relação entre população e adensamento. Não é possível pensar em redes coletivas fortes sem envolvimento das pessoas e, para isso, a implementação e a manutenção devem ser feitas com participação de quem se beneficiará e de quem trabalhará para manter a rede criada funcionando.

Políticas construídas de maneira democrática tendem a funcionar melhor. As mudanças em Bolonha, na Itália, nas décadas de 1960 e 1970 são um bom exemplo nesse sentido. As inovações adotadas pela cidade foram construídas com participação pública efetiva e passaram a ser referência em termos de transporte sustentável por urbanistas em todo o mundo. Entre elas está a instituição de políticas de tarifa zero em horários de pico e para determinados grupos a partir de 1973, políticas que duraram apenas alguns anos, mas tiveram sua importância. Ao tomar decisões, a população se apropriou do processo e passou a defendê-lo.

Para envolver a população, a administração dividiu a cidade em vizinhanças e instituiu conselhos comunitários com poder real para tomar decisões relativas às mudanças em curso na cidade. Envolver os moradores, estimulando discussões sobre os impactos do sistema de mobilidade a ser instituído, ajudou a equilibrar a paixão por automóveis na hora de definir políticas públicas. A história completa está registrada no livro *Red Bologna* (Bolonha Vermelha), de 1977.

Além de testar a adoção do passe livre, a cidade também instituiu restrições para carros no centro histórico, faixas exclusivas para ônibus, zonas para pedestres e ciclovias. Bolonha hoje tem 388.267 habitantes e é a capital da região da Emília-Romanha, na região norte da Itália. Assim como em muitas outras cidades históricas italianas que se tornaram importantes centros urbanos regionais, a promoção de medidas de contenção ao tráfico de automóveis foi decisiva para que a história fosse preservada. Nesse sentido, é particularmente interessante a história das zonas de tráfico limitado (ZTL).

Essa categoria de zoneamento teve origem a partir de restrições crescentes para automóveis adotadas não só em Bolonha, mas em diferentes cidades italianas nas décadas de 1970 e 1980. Os cuidados, que visavam frear a degradação de edifícios e construções históricas relacionada à circulação de veículos e consequente poluição, incluíam, entre outras práticas: limitar o tamanho das ruas e criar zonas exclusivas para pedestres; limitar a circulação de carros no restante das ruas a determinados horários específicos; permitir apenas o acesso a carros de moradores, pessoas portadoras de necessidades especiais de locomoção ou veículos de emergência; determinar horários específicos para entregas de mercadorias; impor limites de velocidade de 30 km/h em toda a zona; e restringir o estacionamento somente para moradores em áreas próximas à própria residência. A experiência se espalhou e virou lei nacional em 1989.

Hoje, de acordo com levantamentos dos urbanistas Maurizio Tira e Michelle DeRobertis, da Universidade de Bréscia, as ZTLs estão instituídas em mais de trezentas cidades, incluindo todas com população superior a 100 mil habitantes. Muitas passaram a adotar controles eletrônicos, com câmeras, sensores e radares monitorando e controlando o acesso de veículos particulares em áreas de interesse histórico. A infraestrutura digital, de novo, traz a ideia da cidade "inteligente". E aqui, mais uma vez, cabe propor a reflexão sobre se o problema é a tecnologia em si ou a maneira como ela é utilizada.

Cada vez mais estarão presentes nas cidades sensores, telas, algoritmos, roteadores, telefones celulares e câmeras, para listar só algumas das ferramentas que não eram comuns no começo deste século. E esse debate sobre uso da tecnologia tem relação direta também com a maneira como se estruturam as cadeias de decisão e acompanhamento de tais apetrechos. É um debate novo em um momento em que surgem possibilidades de ampliar a transparência e a democracia direta ou o controle e a vigilância.

Se for para seguir a mesma lógica que fundamentou as transformações urbanas em Bolonha, observados cuidados com privacidade individual, os dados obtidos por esse conjunto de mecanismos e apetrechos deveriam ser tratados como bens comuns. Se alimentassem bancos de dados abertos e livres, eles poderiam subsidiar debates e decisões democráticas sobre políticas públicas. O problema é que, na maioria dos casos, o modelo a partir do qual tais inovações se estruturam é o das cidades "inteligentes", dominadas por aplicativos e multinacionais de tecnologia. Com *softwares* proprietários para gestão das informações, os dados invariavelmente serão tratados como *commodities*.

Esse ponto é de fundamental importância. Bases de dados serão cada vez mais importantes para o planejamento urbano. A multiplicação de equipamentos que transmitem informações, incluindo não só sensores e câmeras, mas também celulares pessoais, já permite a realização de levantamentos inéditos sobre hábitos e rotinas. Hoje é possível saber o ritmo de uma cidade e esse tipo de informação é crucial para estimar impacto em sistemas de transporte público local e tomar decisões.

Um caso concreto ajuda a entender o que está em jogo. O Strava, aplicativo de esportes que permite que atletas registrem e compartilhem percursos e desempenho pessoal, passou a comercializar dados de seus usuários. A base que a empresa detém é interessante e inclui as rotas mais utilizadas por ciclistas e pedestres, entre corredores e adeptos de caminhadas. É possível comparar percursos a partir do deslocamento de milhares de pessoas e, então, estudar impactos de alterações de infraestrutura, como a abertura de ciclovias ou alargamento de calçadas.

Dá para utilizar os dados para validar e ajustar outros instrumentos de medição, como contadores automáticos, ou mesmo para determinar onde é necessário investir para ampliar a infraestrutura. A comercialização do acesso ao banco de dados visa subsidiar grupos que defendem políticas públicas de mobilidade ativa, como associações de ciclistas.

O problema é que, como se trata de uma ferramenta privada, o acesso é pago – e só quem paga pode verificar a validade das informações ou imaginar soluções a partir delas. Isso dificulta ou mesmo inviabiliza um debate aberto e democrático, com compartilhamento de elementos fundamentais para tomada de decisões. Assim, a criação de bancos de dados comuns, a abertura de repositórios públicos de livre e fácil acesso, é o primeiro passo para construção de políticas públicas qualificadas. No caso da mobilidade, ter como base dados locais atualizados e confiáveis ajuda na escolha dos melhores caminhos.

No debate sobre mudanças possíveis, a participação da sociedade civil em alguns casos se dá também fora dos espaços institucionais. Além do Movimento Passe Livre, que se tornou o movimento social mais conhecido em defesa de transporte coletivo no mundo, há outras referências de mobilização de caráter autônomo em outros países. Na Escandinávia, o grupo sueco Planka.nu tornou-se famoso por suas estratégias de protestar, que envolvem fórmulas para burlar o controle e protestos artísticos bem inteligentes. O termo *planka nu* pode ser traduzido como Esquivar-se da Tarifa Agora e é isso que seus integrantes procuram fazer.

Não há catracas no transporte público de Estocolmo e a fiscalização se dá por amostragem a partir de fiscalizações aleatórias. Quem é pego sem ter validado o tíquete tem que pagar multa. Como estratégia para subverter a lógica, em vez de pagar a tarifa, os participantes do movimento passaram a fazer depósitos em um fundo coletivo em nome do movimento e continuaram usando o sistema. Com o fundo, sempre que um dos participantes é flagrado, o dinheiro reunido é destinado para o pagamento da multa. A subversão é acompanhada de publicações e estudos que, apesar de bem embasados e sérios, são sempre apresentados de maneira bem-humorada.

Há referências de mobilizações sociais também em outras regiões, como o Free Transit Toronto (Trânsito Livre Toronto), do Canadá, que pressiona pela adoção do passe livre na cidade e também ganhou destaque por protestos criativos. Procurando reunir organizações de trabalhadores, sindicalistas e ambientalistas, conseguiu agregar forças com grupos com pautas parecidas, como a Fair Fare Coalition (Coalizão pela Tarifa Justa) e articular campanhas conjuntas.

Em uma delas, para chamar a atenção para o fato de as estações permanecerem com acesso restrito controlado mediante pagamento de tarifas, mesmo durante períodos de alertas de frio ou calor, organizaram réplicas de trens de papelão. A ação chamou a atenção para o risco que moradores de baixa renda corriam simplesmente por não ter como acessar os espaços protegidos com ar-condicionado e aquecedores e ganhou muita simpatia. Uma maneira criativa de chamar atenção para barreiras na livre circulação.

Em diferentes partes do mundo, a ascensão e fortalecimento de forças políticas de extrema direita é vista como um contexto desfavorável para a defesa de bens comuns e causas coletivas. Com o encolhimento do espaço de atuação da sociedade civil, aumento da repressão e fragilização da democracia, este seria um momento inadequado para avançar na construção de uma política tão inovadora como a de abolição das catracas. Mas há também quem veja na defesa da tarifa zero a possibilidade de avançar justamente com a defesa da democracia, uma chance de a sociedade civil adotar uma postura ofensiva e não apenas defensiva no tocante à garantia de direitos.

Vale lembrar, aliás, que as políticas públicas de passe livre não necessariamente são associadas à esquerda, ainda que na maioria dos casos os ativistas sejam progressistas. Na Estônia, como em muitos outros países que foram ocupados pela antiga União Soviética, o socialismo é associado a regimes autoritários e é difícil falar em política sem mexer com fantasmas e traumas. A postura do país de manter um tom de neutralidade possibilitou que governantes de diferentes tendências participassem dos debates internacionais promovidos nos últimos anos. Isso tem um aspecto positivo, que é o da pluralidade. Os encontros organizados por Talim são espaço para diálogo a partir de concepções e motivações variadas.

A tarifa zero é apresentada tanto como uma política pública progressista, a partir de uma visão de garantia de direitos e de justiça social, quanto como uma política econômica liberal, parte de uma estratégia de dinamização da economia e consolidação de infraestrutura mínima para que empresas e empreendedores possam gerir negócios com mais eficiência.

Governantes liberais adeptos da tarifa zero defendem a medida a partir da convicção de que criar redes de transporte abertas pode ser uma maneira eficaz de estimular a economia criando condições iguais para a livre concorrência. Cidades em que o trânsito flui de maneira equilibrada e eficiente são mais favoráveis para os negócios, argumentam.

O aspecto ecológico também é apontado muitas vezes e fala-se até em um *New Deal Green*, baseado em transporte gratuito e limpo. *New Deal* é como ficaram conhecidos os programas implementados nos Estados Unidos durante o governo do presidente Franklin Delano Roosevelt na década de 1930 para recuperar a economia norte-americana após a crise econômica de 1929. A tarifa zero é também uma forma de estimular que mais gente deixe o carro em casa e passe a utilizar o transporte público, o que é fundamental para reduzir a emissão de poluentes. É uma das saídas possíveis para a crise ambiental urbana do século XXI.

Em artigo escrito em 2014 sobre o Movimento Passe Livre, o sociólogo Michael Löwy já apontava a necessidade de o aspecto ecológico ser levado em consideração. "O sistema atual, totalmente irracional, de desenvolvimento ilimitado do carro individual, é um desastre tanto do ponto de vista da saúde dos habitantes das grandes cidades – milhares de mortes são causadas pela poluição do ar, diretamente provocada pelo escapamento dos veículos – quanto do ponto de vista do meio ambiente. Como se sabe, o carro é um dos principais emissores de gás de efeito estufa, responsável pela catástrofe ecológica que são as mudanças climáticas. O carro é, desde o fordismo até hoje, a principal mercadoria do sistema capitalista mundial; consequentemente, as cidades são inteiramente organizadas em função da circulação automobilística. Ora, todos os estudos mostram que um sistema de transportes coletivos eficaz, extenso e gratuito, permitiria uma redução significativa do uso do carro individual. O que está em jogo não é somente a tarifa do ônibus ou do metrô, mas outro modo de vida urbana, simplesmente outro modo de vida. Em resumo, a luta pelo transporte público gratuito é ao mesmo tempo uma luta pela justiça social, pelo interesse material dos jovens e dos trabalhadores, pelo princípio da gratuidade, pela saúde pública, pela defesa dos equilíbrios ecológicos", escreveu.

São muitas leituras possíveis. Independentemente da tendência política, contudo, há uma questão de base importante. Mobilidade é um direito humano. Todas as pessoas têm direito de se deslocar sem restrições. Mesmo em um mundo recortado por propriedades privadas, a ideia de que o trânsito deve ser livre é comum. Salvo raras exceções, vias de circulação são consideradas sempre públicas. É uma ideia respeitada mesmo em sociedades que nunca tiveram governos socialistas ou comunistas, como os Estados Unidos.

Claro que ainda existem catracas e pedágios, existem cercas e muros, existem discursos de ódio e fronteiras militarizadas. Existe "a gente ordeira e virtuosa que apela pra polícia despachar de volta o populacho", conforme as palavras do compositor brasileiro Chico Buarque em sua música "As caravanas". Existe uma crescente onda de xenofobia e preconceito baseada em ignorância e medo. "Filha do medo, a raiva é mãe da covardia", diz a música. Assumindo a mobilidade como um direito humano, são dois os desafios: superar os discursos de ódio e encontrar maneiras de garantir o livre trânsito a partir do entendimento de que todos têm direitos iguais de circulação, não importa raça, classe, gênero ou orientação sexual.

Já houve avanços consideráveis. Não custa lembrar que, não muito tempo atrás, a segregação era comum no transporte em várias partes do mundo. Nos Estados Unidos, até a metade do século passado, em alguns estados, brancos tinham espaço reservado, separado dos negros nos ônibus. Para isso mudar, uma costureira negra chamada Rosa Parks precisou, em 1º de dezembro de 1955, se recusar a levantar e ceder o lugar em que estava sentada para um branco. O episódio aconteceu em Montgomery, no Alabama, e, por contrariar a lei segregacionista local, ela acabou detida. Foi o estopim para manifestações e seu exemplo tornou-se um marco de resistência contra injustiças, referência internacional para o movimento pacifista que trabalha com a perspectiva de não violência ativa. Imaginar sistemas de transporte livres, nos quais todas as pessoas têm a possibilidade de se locomover em condições dignas e iguais, é também lutar contra o racismo, o machismo e outras formas de opressão.

Se existe uma ascensão de xenofobia e medo do diferente em muitas partes, é preciso considerar que a melhor forma de desconstruir preconceitos é reunir informações claras, dados detalhados e argumentos honestos. É preciso eliminar os guetos e, para isso, o planeta precisa de mais pontes e conexões do que de muros e catracas. Toda a sociedade ganha com a livre mobilidade e isso fica explícito com o levantamento de números e análises comparativas.

Para encontrar caminhos e viabilizar propostas concretas, é preciso ouvir quem mais sofre com as restrições impostas, olhar para o que já foi feito considerando especificidades locais e, por fim, estar atento a exemplos de outras partes, ideias que podem ser adaptadas, copiadas, hackeadas, multiplicadas.

A EXPERIÊNCIA DOS PEQUENOS MUNICÍPIOS NO BRASIL

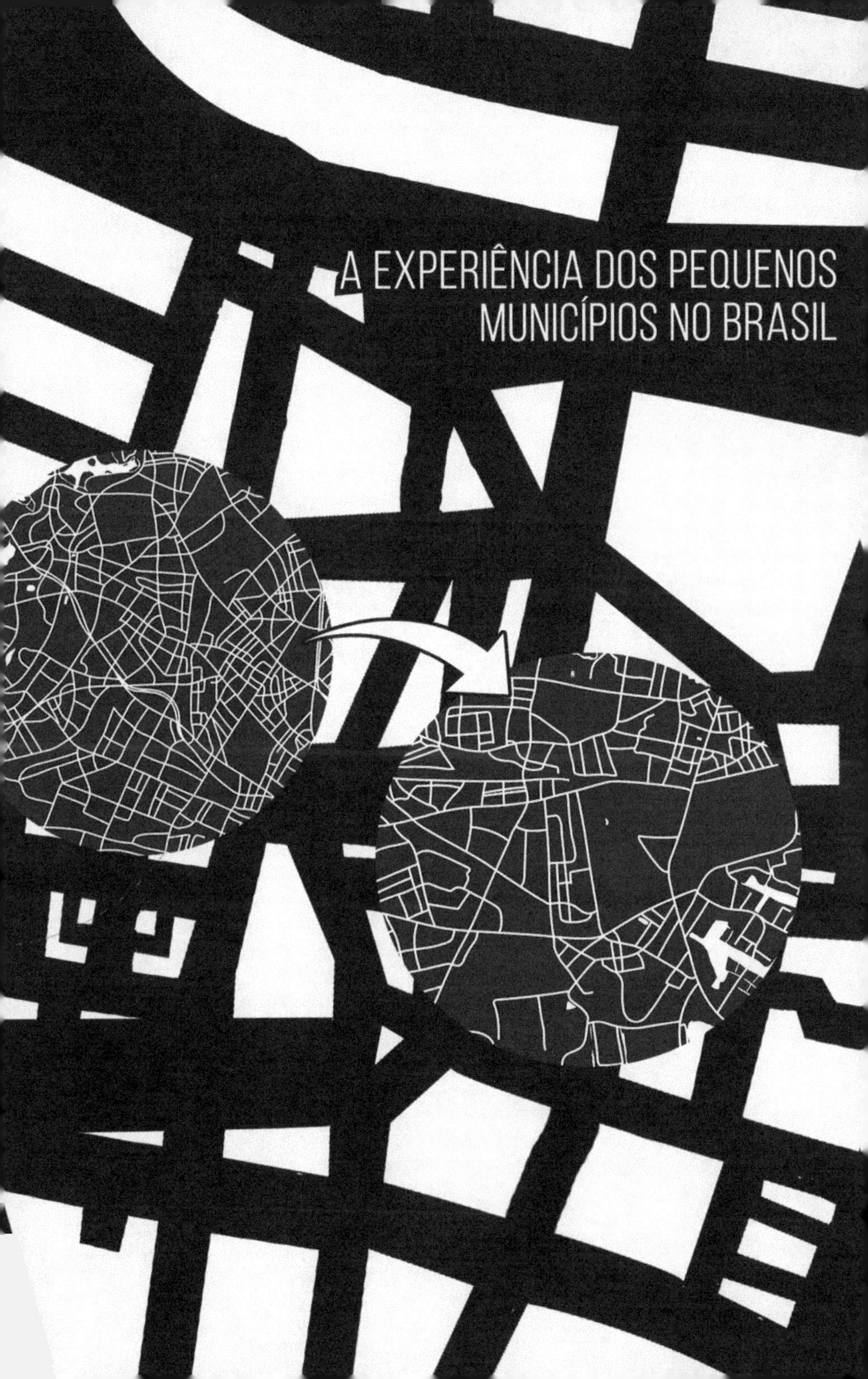

A experiência dos pequenos municípios no Brasil

Na metade de 2019, quando este livro foi concluído, pelo menos catorze municípios brasileiros mantinham políticas de passe livre universal. Com exceção de Maricá (RJ), com seus 157.789 moradores, todos os outros treze municípios identificados são pequenos, com população estimada pelo Instituto Brasileiro de Geografia e Estatística (IBGE) em 2018 inferior a 60 mil habitantes. São eles: Agudos (SP), com 37.023 moradores; Anicuns (GO), com 21.717; Eusébio (CE), com 52.880; Itatiaiuçu (MG), com 11.037; Ivaiporã (PR), com 32.035; Holambra (SP), com 14.579; Macatuba (SP), com 17.111; Monte Carmelo (MG), com 47.682; Muzambinho (MG), com 20.594; Pitanga (PR), com 30.635; Potirendaba (SP), com 17.201; Silva Jardim (RJ), com 21.773; e Wenceslau Braz (PR), com 19.444.

Há desde casos de pequenas localidades rurais em que as redes de transporte se resumem a uma ou duas linhas de ônibus com circulação bastante espaçada, até cidades maiores que ficam em regiões metropolitanas, como Eusébio, município vizinho de Fortaleza. Considerado o único exemplo de tarifa zero no Norte e Nordeste, a cidade de 52.880 habitantes é a maior depois de Maricá e conta com uma rede conhecida como Transporte Regular Urbano do Eusébio (True). Composta por nove ônibus, ela atende, segundo a prefeitura, cerca de 62 mil pessoas por mês e cobre 90% do município, cuja mancha urbana, em um processo de conurbação, se confunde com a da capital do Ceará. O serviço foi instituído em 2011.

Todos os outros exemplos listados ficam nas regiões Sudeste e Sul, com exceção de Anicuns, pequeno município rural no interior de Goiás, no Centro-Oeste, cujo site faz uma referência simpática ao passe livre: "Em tempos de discussão sobre preços de tarifas de transporte público no Brasil, a prefeitura de Anicuns oferece à população ônibus gratuito, que transporta centenas de pessoas diariamente. Mobilidade com qualidade é o nosso objetivo!"

No Sudeste estão os casos mais antigos. Monte Carmelo (MG), com seus 47.682 habitantes, além de ser a terceira maior cidade do país com passe livre, orgulha-se de ser a primeira a instituir e manter tal política. A cidade rural, que faz parte da região conhecida como Triângulo Mineiro, aderiu ao passe livre em 1994 e hoje conta com cinco linhas custeadas com o orçamento municipal. Em seguida, na quarta posição, vem Agudos (SP), com 37.023 pessoas e um histórico também respeitável. O passe livre foi instituído em 2002 com o nome de Circular Gratuito e desde então a população não paga tarifa. Hoje são quatro linhas diárias. A experiência inspirou a cidade vizinha Macatuba (SP), de 17.111 habitantes, que adotou o passe livre pouco depois, em 2004.

Na história da tarifa zero no estado de São Paulo, outra experiência significativa foi a de Paulínia (SP), cidade hoje com 106.776 moradores que, assim como Maricá (RJ), tem um orçamento superavitário em função do petróleo. A cidade, onde está instalada a Refinaria de Paulínia, a maior em capacidade de processamento do combustível no Brasil, com cerca de 20% da produção nacional, foi uma das primeiras com população significativa a instituir redes livres de transporte. A prefeitura decretou subsídio total da tarifa em 1995 e manteve a política até 1997, tornando-se uma das principais referências nacionais.

Em 2013, a cidade ensaiou retomar o passe livre universal, mas a iniciativa não vingou e apenas políticas parciais foram mantidas. Uma delas, de 2010, que previa a tarifa zero no transporte urbano municipal aos domingos e feriados, foi cancelada em 30 de setembro de 2018, marcando o fim da experiência na cidade. Na ocasião, em nota, a prefeitura justificou o início da cobrança de R$ 1,00 por viagem com o objetivo de "reduzir os casos de vandalismo e violência ocorridos com frequências nos veículos". Ainda não há dados comparativos sobre a quantidade de ocorrências antes e depois do início da cobrança para avaliar a efetividade da providência adotada. Em outras cidades, como Maricá, para conter depredação em ônibus, a prefeitura optou por fazer campanhas de conscientização em vez de começar a cobrar.

Ainda que tenha terminado, a experiência de Paulínia influenciou outros municípios do interior de São Paulo e Minas Gerais. Em Agudos (SP), por exemplo, a ideia surgiu a partir da referência dessa primeira experiência. Holambra (SP), com seus 14.579 habitantes e passe livre desde 2007, é vizinha de Paulínia. Outras cidades da região relativamente próximas são Muzambinho (MG), com 20.594 moradores e passe livre desde 2011, e Potirendaba (SP), com 17.201 e passe livre desde 1998. Completa a lista de pequenas cidades paulistas e mineiras Itatiaiuçu (MG), com 11.037, cidade próxima à capital Belo Horizonte (MG) cuja criação de um sistema público livre está ligada ao fato de até 2015 não haver transporte coletivo local. Em termos gerais, o passe livre em todas essas cidades limita-se a experiências reduzidas a linhas com poucos ônibus.

Ainda no Sudeste há o caso de Silva Jardim (RJ), com 21.773 habitantes, cidade próxima a Maricá (RJ), que adotou passe livre em 2014 em meio a desentendimentos com as empresas que prestavam o serviço até então. Três municípios paranaenses completam a lista de cidades brasileiras com passe livre universal: Ivaiporã, com 32.035 moradores, Pitanga, com 30.635, e Wenceslau Braz, com 19.444. Assim como as demais, são cidades pequenas com redes relativamente simples cuja manutenção não costuma impactar o orçamento municipal de maneira significativa.

Além dos catorze exemplos constatados em 2019, pode haver mais casos ainda desconhecidos. O Brasil conta com 5.570 municípios e alguns deles têm estrutura bastante limitada de difusão de informações e políticas de transparência. Há casos, em que, em vez de organizada a partir de um site, a política de comunicação municipal se limita a postagens em redes sociais proprietárias como Facebook, o que pode ser útil para mobilizar eleitores durante disputas, mas dificulta a consulta de histórico e ordenamento de informações. Em muitas regiões, além disso, não existe cobertura jornalística sobre políticas públicas e as notícias, quando aparecem, se limitam a casos policiais, tragédias ou disputas entre grupos partidários locais. Isso também dificulta a difusão de boas práticas e exemplos que podem influenciar e inspirar outras cidades.

Quando é tratada como política de governo e não política de Estado, a tarifa zero fica sob ameaça permanente. Entre os catorze exemplos relacionados, há cidades que mantiveram as redes livres mesmo com a troca de prefeitos, incluindo de adversários políticos que optaram por continuar com a prática após assumir. Normalmente, o passe livre costuma ter boa aceitação após ser instituído e índices de aprovação altos ajudam na sua manutenção.

Há, porém, casos em que ele passa a ser compreendido como bandeira de determinado grupo político. Foi o que aconteceu em Porto Real (RJ), cidade de 19.381 habitantes que, assim como Maricá (RJ), construiu sua rede com ônibus vermelhos, os vermelhinhos. A tarifa zero, instituída em 2011, passou a ser identificada como uma política de esquerda e, em 2017, virou alvo de grupos conservadores. Aproveitando problemas da rede, entre os quais atrasos e falhas de manutenção, rivais passaram a minar o benefício associando a gratuidade à baixa qualidade até que em 2017, como resultado de alteração dos grupos de poder no comando, os vermelhinhos foram substituídos por ônibus azuis com cobrança, os azuizinhos, pondo fim à experiência.

Em outros casos, a justificativa para o cancelamento de políticas de passe livre é de natureza orçamentária. Isso mesmo quando o transporte se limita a poucos ônibus circulando em poucas linhas de maneira espaçada. A prefeitura de Tijucas do Sul, no Paraná, cidade com 16.646 moradores que mantinha uma rede livre com o bonito nome de Transporte Cidadão, anunciou em fevereiro de 2019 que o serviço deixaria de ser gratuito alegando não ter como manter a política. A cidade era uma das que sempre figurava nas listas de exemplos brasileiros de tarifa zero.

Se há baixas, há também a perspectiva de inclusões em um futuro próximo, até mesmo de cidades que poderiam tomar de Maricá (RJ) o posto de cidade mais populosa com passe livre. Ponta Grossa (PR), cidade com 348.043 habitantes, está entre as cidades médias que estudam a adoção da tarifa zero. Com base no sucesso de municípios do interior, como Ivaiporã (PR), a prefeitura começou a fazer as contas para tentar viabilizar a mudança. Entre os levantamentos estão o cálculo do custo da possível substituição de ônibus a diesel por ônibus elétricos, que resultaria em possível economia com combustível, e a busca de novas fontes de repasse do Estado e da União. A intenção existe.

Outra cidade de tamanho considerável e importância econômica que começou a realizar experiências é Volta Redonda (RJ), polo siderúrgico com 271.998 habitantes. A cidade instituiu recentemente uma linha Tarifa Comercial Zero, com a circulação de um ônibus 100% elétrico e nacional que opera sem cobrança de tarifa e conecta zonas comerciais da cidade, política que pode se tornar importante se expandida. Sede da maior siderúrgica da América Latina, a Companhia Siderúrgica Nacional (CSN), Volta Redonda (RJ) é uma zona industrial com alta concentração de poluentes e precisa encontrar saídas para reduzir o número de emissões.

O ônibus elétrico não solta fumaça e é visto pela prefeitura como melhor aposta para tentar reduzir o número de carros em circulação. A promoção da tarifa zero é uma forma de estimular o uso do sistema inovador. Há planos para aquisição de mais veículos do tipo, mas como, até o momento, apenas um ônibus com capacidade de atender uma parcela ínfima da população circula, a experiência não foi considerada como universal neste levantamento.

Entre as experiências pontuais, além da adoção de passe livre parcial, seja com redes que atendem gratuitamente apenas determinadas regiões ou funcionam de maneira livre em apenas certos horários, ou ainda que se restringem a determinados grupos, como estudantes, há também casos curiosos e iniciativas que, ainda que mais limitados, podem servir de base para expansão futura.

Porto Alegre (RS), por exemplo, abriu as catracas para seus 1.479.101 habitantes em um dia de vacinação contra a gripe como forma de incentivar a população a ir até os postos de saúde. Já Araucária (PR), com 141.410 moradores, estendeu o passe livre estudantil para acompanhantes de alunos de até 12 anos. Quem leva e busca crianças na escola tem direito a quatro passagens por dia para fazer o percurso de ida e volta em cada horário.

Não há nenhuma cidade com mais de 200 mil habitantes com passe livre, mas, nem por isso, o país deixa de ter relevância no debate internacional sobre políticas públicas de livre acesso ao transporte coletivo. É justamente por suas políticas parciais que o Brasil pode ser considerado um exemplo. Em diferentes regiões, parcelas significativas da população ficam livres de pagar tarifas, incluindo estudantes, pessoas com baixa renda e portadores de necessidades especiais.

As regras podem variar em alguns casos, porém, há marcos gerais já bem estabelecidos. A isenção garantida pela Constituição Federal para pessoas com mais de 65 anos em todo o território nacional, que pode ser estendida em cada município também para pessoas com mais de 60 anos a partir de alterações na legislação local previstas no Estatuto do Idoso, é considerada uma conquista significativa. Quem contribuiu a vida inteira com a sociedade não paga para usar o transporte e isso é referência para outros países que procuram avançar com políticas de inclusão no transporte.

Dá para avançar ainda mais.

IDEIAS PARA CUSTEAR O PASSE LIVRE

Ideias para custear o passe livre

Não existe modelo único ou fórmula mágica para a adoção de um programa de passe livre, conforme já apontado. Mas algumas ideias gerais podem ajudar a imaginar soluções. Este capítulo final tem como objetivo reunir sugestões de financiamento para adoção de políticas de passe livre integrais ou parciais, ou ainda políticas de modicidade, ou seja, da adoção do princípio de menor cobrança possível.

São dois os questionamentos principais que surgem quando se fala em abolir catracas.

O primeiro é sobre um suposto abandono que existe quando o serviço é gratuito. É como se as pessoas só tivessem cuidado e consideração com o que é pago. Sobre o valor que se dá às coisas, o escritor português Valter Hugo Mãe, em seu livro *Contos de cães e maus lobos*, escreve o seguinte: "Aprendi que o dinheiro tem interesse na troca das coisas, mas não todas. De qualquer modo, o meu avô ensinou que não devemos dar tanta atenção ao preço mas ao valor. Ele acreditava que faltava ao mundo mais coisas sem preço devido ao grande valor que tinham. Na verdade, quanto maior o valor mais indecente se torna que sejam vendidas. Aquilo que há de mais valioso deve ser um direito de toda a gente e distribuído por graça e segundo a necessidade."

O jogo de palavras montado pelo escritor pode ser um bom ponto de partida para pensar a questão. Será que a ausência de cobrança direta implica, necessariamente, desvalorização do sistema? Ou será que há outras variáveis? Se sempre que há cobrança existe um cuidado extra dos usuários, por que o metrô de Nova Iorque, que tem uma tarifa de mais de R$ 10,00 (US$ 2,75) tornou-se famoso por suas estações sujas, depredadas e repletas de ratos?

Sejam motivados pela tarifa zero ou não, existem problemas em alguns sistemas que operam sem cobranças, fato. No Brasil, a prefeitura de Maricá (RJ), principal cidade do país a ter passe livre, chegou a fazer uma campanha de conscientização sobre o impacto do vandalismo contra os vermelhinhos, os ônibus gratuitos da cidade, procurando reduzir depredações. Quando um veículo é danificado e tem que ser substituído, o sistema todo é afetado.

A estimativa da prefeitura é de que, em média, cada ônibus transporte seiscentas pessoas por dia e quando um deles tem que ir para a garagem para reparos, o resultado é uma sobrecarga nos demais. Isso sem falar no prejuízo financeiro. Os problemas listados por Maricá incluem vidros quebrados ou riscados, bancos rasgados, borrachas de janelas e portas danificadas, entre outros. Apesar de chamar a atenção, tais depredações não são exclusividade da cidade e são comuns também em sistemas onde existe cobrança.

No exterior, há desde casos em cidades com médias de temperatura abaixo de 0 °C em que moradores de rua entram nos ônibus de olho no aquecimento para sobreviver, até o de grupos de jovens que usam as redes para ir a festas e fazem do percurso parte da celebração, perturbando outros usuários. No País de Gales, país que instituiu ônibus de longa distância de graça no fim de semana nas áreas rurais, o principal problema são os frequentadores dos *pubs* (abreviação de *public house*), como são conhecidos os bares tradicionais.

O sistema galês é considerado um sucesso, com um aumento de 58,4% de utilização da rede entre 2016 e 2017, mas o governo ainda não sabe exatamente como lidar com passageiros alcoolizados. "É claro que é melhor ter as pessoas bêbadas nos ônibus do que dirigindo, mas temos muitas reclamações por parte de outros passageiros, em especial no horário que os *pubs* fecham", explica o professor Stuart Cole, conselheiro do governo do País de Gales para Transporte.

Todos esses casos fazem pensar sobre a natureza dos problemas. Ter sem-teto buscando abrigo em ônibus é um problema relacionado à tarifa zero ou à necessidade de garantir moradia digna para as pessoas? Ter jovens ou adultos indo e voltando de festas alterados perturbando outros passageiros é uma questão que tem a ver com a ausência de catracas ou com questões mais complexas, como consumo excessivo de álcool?

Allan Alaküla, chefe do Escritório de Talim para a União Europeia e um dos principais responsáveis pelas articulações internacionais da cidade em defesa do passe livre, lembra que, na capital da Estônia, a ideia de que adotar o passe livre prejudicaria o transporte coletivo também era comum.

"Antes da implementação, havia clamores de que o transporte público seria visto com discriminação por ser livre e de que a qualidade dos serviços cairia devido à superlotação, de que haveria aumento de vandalismo, de passeios de jovens e de moradores de rua. Depois que o transporte livre foi estabelecido, esses clamores foram esquecidos. Agora o transporte público é reconhecido como um serviço público gratuito comparável de certa maneira com a iluminação das ruas. De 2013 em diante, os índices de satisfação aumentaram em todas as categorias medidas (pontualidade, limpeza, segurança etc.). As pesquisas de opinião atuais indicam que 90% da população apoia o passe livre", escreveu, em artigo publicado em 2018.

O segundo questionamento comum é em relação a como equilibrar o orçamento abrindo mão das cobranças diretas. Conforme apresentado ao longo do livro, são muitos os exemplos e políticas possíveis de fontes extratarifárias para financiamento do transporte público.

É claro que cada gestor público deve buscar a fórmula mais adequada considerando especificidades locais e efetuando consultas públicas para identificar demandas e possibilidades, mas, para o contexto brasileiro, o Instituto de Pesquisa Econômica Aplicada (Ipea) indica quatro campos principais a considerar ao analisar possibilidades de ampliar a receita: cobrar de proprietários de imóveis e de responsáveis por empreendimentos imobiliários, taxar o setor produtivo, buscar recursos com a sociedade em geral e taxar usuários de transporte motorizado individual.

O Ipea é uma fundação pública vinculada ao Ministério da Economia que tem como objetivo fornecer "suporte técnico e institucional às ações governamentais para a formulação e reformulação de políticas públicas e programas de desenvolvimento brasileiros". Os quatro campos mencionados estão relacionados e detalhados no "Texto para Discussão 2198 – Desafios da mobilidade urbana no Brasil", publicado em maio de 2016. O levantamento foi organizado por Carlos Henrique Ribeiro de Carvalho, técnico de planejamento e pesquisa da Diretoria de Estudos e Políticas Regionais, Urbanas e Ambientais (Dirur) do Ipea, um dos principais analistas especializados no tema. Além de apresentar os campos gerais, ele detalha possíveis medidas para obtenção de recursos que podem ajudar a reduzir ou mesmo zerar o valor das passagens no Brasil.

Entre as cobranças sobre imóveis e grandes empreendimentos imobiliários, ele lista três possibilidades: destinação de uma parcela do valor arrecadado com o Imposto Predial e Territorial Urbano (IPTU) para o custeio do passe livre; as cobranças adicionais sobre regiões beneficiadas por novos investimentos em transporte público, como as que ficam próximas de novas estações de metrô, por exemplo; a cobrança de compensação de grandes empreendimentos que tenham impacto no trânsito, como um shopping ou um estádio de futebol.

A proposta é pertinente, tendo em vista que áreas com infraestrutura de transporte costumam ser mais valorizadas, mas é preciso tomar cuidado para que tal ferramenta não acabe reforçando desigualdades locais. Críticos da vinculação do transporte ao valor da terra apontam que existe o risco de o custo de vida nos bairros com melhor infraestrutura tornar-se ainda mais caro, o que pode contribuir para processos de gentrificação e expulsão de moradores sem renda compatível. Uma solução possível é vincular parte dos recursos obtidos à expansão do sistema para áreas ainda não atendidas ou instituir, junto com a cobrança adicional, ferramentas de estímulo a moradia social para mitigar efeitos de especulação imobiliária.

Sobre taxar o setor produtivo, considerando que o transporte coletivo é fundamental para que empresas funcionem, Carlos Henrique Ribeiro de Carvalho defende a cobrança de tributos específicos para transporte sobre faturamento das empresas ou com base na folha de pagamento de funcionários. Ele menciona o *Versement Transport* da França como um exemplo de política possível. No caso da tarifa zero, a sugestão faz ainda mais sentido, considerando que, em redes de transporte público livres, empregadores não precisam mais pagar vale-transporte para os trabalhadores. O vale-transporte foi instituído no Brasil em 1985 e tornou-se obrigatório em 1987. Apesar de ser uma política que tornou mais acessível o uso de transportes, é considerada limitada por cobrir somente as viagens de casa ao trabalho.

Sobre a sociedade em geral, ele lista a possibilidade de utilização de recursos do orçamento geral das três esferas de poder - federal, estadual e municipal - e a criação de fundos específicos para beneficiar usuários de baixa renda. Como exemplo, menciona possíveis fundos para subsidiar passagens para estudantes ou idosos.

Por fim, mas não menos importante, em relação ao transporte motorizado individual, ele relaciona possibilidades que, além gerar receitas para o transporte coletivo, serviriam para desincentivar o uso de automóveis. Essas são medidas que podem ajudar a equilibrar a proporção de deslocamentos, estimulando mais viagens em transporte coletivo em substituição a viagens em carros e motos, e, justamente por isso, talvez sejam as mais importantes dentre as relacionadas até agora. Ele sugere que sejam destinadas receitas de impostos cobrados sobre combustíveis, aquisição de veículos, posse de veículos, estacionamentos públicos e privados e uso de vias, incluindo aí o polêmico pedágio urbano.

Dos combustíveis, um caminho possível, indica o pesquisador, seria destinar total ou parcialmente o obtido com a Contribuição de Intervenção no Domínio Econômico (Cide-combustíveis), que incide na importação e comercialização de combustíveis, e cujos recursos hoje são destinados para obras de infraestrutura de transportes, como abertura e manutenção de estradas. Na aquisição de veículos, é possível aproveitar o arrecadado com o Imposto sobre Produtos Industrializados (IPI) ou com o Imposto sobre Circulação de Mercadorias e Serviços (ICMS). Em outras palavras, em vez de dar descontos e estimular a produção de automóveis, fazer exatamente o contrário, condicionando a entrada de novos carros no mercado ao fortalecimento das redes de transporte coletivo. Já a taxação sobre posse do veículo poderia ser construída a partir do Imposto sobre a Propriedade de Veículos Automotores (IPVA), tornando obrigatório que pelo menos parte do arrecadado seja destinada ao financiamento de sistemas de ônibus e trens.

Junto aos impostos que já existem, relacionados à aquisição, posse e uso de automóveis, o pesquisador sugere mais duas fontes que nem sempre são consideradas: a cobrança pelo estacionamento em áreas públicas e mesmo privadas, no caso de grandes empreendimentos, e a cobrança pela utilização de vias e formação de congestionamentos, o polêmico pedágio urbano. Essa última é uma proposta especialmente controversa.

Críticos da dependência dos automóveis na sociedade atual, como o cartunista norte-americano Andy Singer, um dos principais ícones do cicloativismo do planeta, apoiam a ideia com entusiasmo. "Algumas cidades, como Londres e Cingapura, adotaram as taxas de congestionamento (em inglês, *congestion pricing*), que são as cobranças que motoristas que entram em regiões centrais durante as horas de pico têm que pagar. O recurso é destinado ao transporte público. As cobranças são baseadas em *chips* rastreadores obrigatórios instalados em carros novos, que permitem detectar quando um veículo entra em uma área restrita.

O monitoramento é automático e as cobranças são enviadas por correio", explica. "Em Londres, a medida teve um sucesso enorme para reduzir congestionamentos e levantar fundos para o transporte público e a infraestrutura urbana. Em Nova Iorque, pedágios em pontes e túneis são utilizados para subsidiar o transporte público e reparos nas ruas", completa.

A proposta tem apoio também de empresas de aplicativos de transporte, como a Uber. Em cidades com pedágio urbano, há menos carros na rua e o trânsito costuma melhorar, o que permite que os motoristas gerenciados por elas façam mais corridas. Além disso, há mais passageiros, já que mais gente deixa de dirigir para evitar as taxas a cada percurso. Nos Estados Unidos, a empresa chegou a contratar lobistas para influenciar no debate público em favor da instituição de sistemas de pedágio em algumas zonas. Para as empresas, o modelo é especialmente interessante, já que o valor acaba embutido no custo da corrida e quem paga a conta do pedágio urbano, no fim, são os passageiros.

Contra a proposta de criar taxas de congestionamento e modelos similares estão figuras respeitáveis como o ex-secretário municipal de Transportes de São Paulo Lucio Gregori. Ele é radicalmente contra cobrar pedágio urbano e considera a proposta inconstitucional por afetar o direito de livre circulação, já que a prática criaria uma barreira econômica ampliando desigualdades. Gregori se baseia em casos concretos. Nas metrópoles brasileiras, muitos trabalhadores beneficiados pelas políticas de incentivo à aquisição de automóveis das últimas décadas moram na periferia e dependem do automóvel para ir e voltar do trabalho todos os dias.

Ainda que a redução de congestionamento represente menos poluição e mais qualidade de vida para todos, a imposição de cobranças baseadas na circulação afetaria principalmente uma parcela da população que já sofre para equilibrar as contas e depende de transitar em áreas mais ricas para sobreviver. É preciso considerar que morar nas regiões centrais, onde está a maior parte dos empregos e da infraestrutura, custa caro.

Somado a isso está o fato de, na maioria das capitais brasileiras, as redes de transporte serem lentas e superlotadas. Optar pelo transporte público para acessar as áreas mais prósperas representa, em muitos casos, passar muito mais tempo em trânsito em vagões ou ônibus apertados.

Nesse contexto, tentar simplesmente reprimir o uso do carro sem oferecer alternativas não é razoável e qualquer mudança teria que ser gradual.

Opositores do rodoviarismo, como Andy Singer, argumentam que a solução para equilibrar a situação seria vincular receitas de políticas de desincentivo ao uso de automóveis obrigatoriamente a investimentos para tornar o transporte público mais acessível. "Basta olhar como é a divisão de recursos públicos para encontrar maneiras de direcionar mais dinheiro para o transporte público. Isso pode ser feito por meio de taxas sobre gasolina ou pedágios, ou pelo simples redirecionamento do que é gasto atualmente na ampliação do sistema viário, na construção de avenidas. Hoje nós subsidiamos o transporte individual motorizado com estradas gratuitas e estacionamento livre. O que os motoristas pagam com impostos de gasolina, pedágio e demais taxas não cobrem o custo da construção e manutenção da infraestrutura que utilizam. Quem completa a conta são os outros usuários e contribuintes, inclusive aqueles que não têm carros. Nós deveríamos estar subsidiando transporte público, não motoristas. Quando fizermos isso, as pessoas vão dirigir muito menos", argumenta.

Ele defende o passe livre e fala na necessidade de reconfigurar as cidades para provocar mudanças estruturais na mobilidade. "Em geral, cidades mais densas, com muitas opções de moradia acessíveis, favorecem caminhadas e deslocamentos de bicicleta. Políticas que incentivem o adensamento e tornem os preços de moradia mais acessíveis e que também melhorem condições para pedestres e ciclistas farão as pessoas deixarem seus carros. Além disso, é possível tornar o preço de estacionamento nas ruas mais caro e direcionar as receitas extras para financiar o transporte público e alternativas ao automóvel. Também dá para fixar limites de vagas para carros em novos empreendimentos e adotar medidas para promover a conversão de área de estacionamento em apartamentos ou espaços para habitação. Duas vagas de automóvel equivalem hoje a um pequeno apartamento tipo estúdio. Em vez de construir tantas garagens, as cidades deveriam obrigar que incorporadores construíssem apartamentos adicionais em seus empreendimentos pensando em dar opções para pessoas de baixa renda", completa o cartunista.

No Brasil, a política de subsídios inversa é uma realidade concreta. Recursos públicos são destinados prioritariamente para viabilizar o deslocamento de carros e motos. Em seu estudo, Carlos Henrique Ribeiro de Carvalho aborda a questão com números e comparações. "Várias foram as políticas que reforçaram o estímulo ao transporte individual. As tarifas de transporte público por ônibus, por exemplo, tiveram um crescimento acima da inflação nos últimos quinze anos, ao mesmo tempo em que os principais itens associados ao transporte privado tiveram crescimento real negativo, o que significa, na prática, um processo de barateamento do uso e aquisição do transporte privado e encarecimento do transporte público", escreve.

A priorização do trânsito de automóveis tem efeito direto sobre as redes coletivas, que se tornam mais inacessíveis e ineficientes, ressalta. "No caso do transporte público, as políticas estabelecidas foram pelo caminho contrário ao princípio da modicidade tarifária, e observa-se que os principais fatores de oneração das tarifas continuam atuantes – aumentos das gratuidades financiadas pelo mecanismo do subsídio cruzado, perda de produtividade e competitividade em relação ao transporte individual, elevação dos custos de operação em função do aumento dos congestionamentos e da falta de vias exclusivas, elevação do preço dos principais insumos do transporte público (veículos, pneus, diesel etc.)."

Ele recomenda mudanças combinando o desincentivo ao uso de automóveis com o estímulo às redes coletivas. "Para inverter essa lógica individualista, as políticas públicas devem seguir o princípio de privilegiar o transporte público em detrimento do transporte motorizado individual. Para isso, são necessárias medidas de compensação pelas externalidades produzidas pelos usuários de motos e automóveis, onerando principalmente o uso e a propriedade desse tipo de transporte (taxação da gasolina, propriedade e seguro dos veículos, assim como o uso do espaço urbano). Na outra linha, devem ser adotadas medidas de barateamento e estímulo ao uso do transporte público como a implantação de faixas e corredores exclusivos para ônibus e medidas de redução do seu custo via diminuição de tributos e financiamento extratarifário da operação dos serviços."

Se medidas como o pedágio urbano são polêmicas, existe um consenso entre quem defende a expansão das políticas de passe livre de que o ideal seria haver repasses específicos de diferentes esferas do governo para incentivar e ampliar o acesso ao transporte público. A essência de toda a discussão é que, para instituir o passe livre, é necessário encontrar novas fontes de recursos, afinal, como afirma Gregori, tarifa zero "não é transporte de graça", mas sim transporte pago indiretamente. Algumas das possibilidades para reunir fundos públicos para custear a mobilidade foram debatidas no encontro Política Tarifária do Transporte Público, realizado em 12 de fevereiro de 2019 em São Paulo.

Gregori, que esteve presente, assim como o pesquisador Carlos Henrique Ribeiro de Carvalho, defendeu que o ideal seria a criação de uma estrutura que funcionasse de maneira similar ao Sistema Único de Saúde (SUS), com transferências de recursos e descentralização, além de transparência e participação efetiva da sociedade civil na gestão do sistema. "O SUS é espetacular e a maneira como foi construído tem a ver com isso. Pode ser uma referência", argumenta. Ele defende que a mudança só pode acontecer de baixo para cima e aponta que os movimentos sociais deveriam ser os catalisadores de tal processo. "Não só o MPL, mas também outros movimentos precisam se envolver. É necessária a participação de toda a sociedade."

O encontro aconteceu na sede do Instituto Brasileiro de Defesa do Consumidor (Idec), que tem um eixo de mobilidade específico para incentivar o uso de transporte coletivo e ativo. O órgão atua procurando disseminar informações sobre direitos e defende a redução das tarifas. Além da Fundação Rosa Luxemburgo, o evento teve apoio do Instituto Clima e Sociedade (ICS), instituição que atua com o tema a partir da perspectiva ambiental. O ICS trabalha com a compreensão de que promover a substituição do transporte motorizado individual por transporte coletivo é um caminho para reduzir a emissão de carbono nas cidades.

O geógrafo Rafael Calabria, pesquisador de Mobilidade Urbana do Idec, tem procurado estudar experiências de redução tarifária em pequenos municípios no Brasil. "É fundamental debater os diversos instrumentos que podem ser adotados para se criar uma fórmula fiscal e tributária que financie o custo da tarifa e diminua o preço para o usuário final." Ele lembra, com base no artigo 6º da Constituição Federal, que transporte é um direito que deve ser garantido pelo Estado, e por isso faz sentido a defesa de redução do valor cobrado. "A modicidade das tarifas já é um direito dos usuários de transporte garantido. Além disso, estimular o uso dos transportes coletivos é fundamental para atrair mais usuários e assim diminuir o uso do carro. Essa é uma questão primordial diante da crise de mobilidade urbana que impacta as maiores cidades brasileiras", afirma.

No encontro também foi apontada a importância de haver mais transparência nas planilhas do custo de transporte, com possibilidade de auditorias cidadãs, a partir de uma perspectiva democrática com participação da população na discussão sobre soluções possíveis.

No fim das contas, são muitas as fórmulas e possibilidades para reduzir o preço das passagens ou mesmo instituir tarifa zero. Os ganhos sociais, ambientais e coletivos fazem dessa a proposta mais razoável, concreta, viável e responsável para garantir que a mobilidade das cidades funcione. O valor do transporte público coletivo é maior que seu preço e com a tarifa zero toda a sociedade ganha, ao passo que o custo da uberização da mobilidade, em um sistema sem regras, baseado na exploração de trabalhadores precarizados e nos subsídios do transporte motorizado individual, é dividido entre todos.

AGRADECIMENTOS

AGRADECIMENTOS

Este livro foi estruturado a partir de entrevistas, visitas de campo e pesquisas documentais realizadas nos últimos dez anos. Como jornalista, o autor manteve o *blog* Outras Vias, sobre mobilidade urbana e bicicletas, de junho de 2010 a abril de 2013, dentro do portal especializado em jornalismo ambiental ((o)) eco. Foi nesse espaço que se publicou a primeira entrevista realizada com o ex-secretário de Transportes do Município de São Paulo Lucio Gregori, em 8 de fevereiro de 2011, bem antes das manifestações que fizeram o passe livre ganhar destaque nacional e internacional. O *link* para o texto está na seção seguinte, junto com a bibliografia completa e as principais referências consultadas no presente levantamento.

Por sua dedicação ao tema, o autor foi convidado a escrever em 2016 um capítulo sobre políticas de passe livre no Brasil para o livro *Free Public Transit: And Why We Don´t Pay to Ride Elevators* (Trânsito público livre: e por que não pagamos para andar de elevador), uma compilação de experiências de todo o mundo organizada pela editora canadense Black Rose. O artigo foi escrito conjuntamente com a jornalista Paula Aftimus, sua esposa e principal incentivadora e apoiadora para a concretização deste livro.

Em função do texto, foi chamado para realizar uma apresentação em Talim, na Estônia, em maio de 2018, durante a conferência Transporte Público Livre para Todos: Sonho e Realidade. O evento fez parte da Semana Verde do Parlamento Europeu e reuniu prefeitos e representantes de cidades europeias que adotaram passe livre, além de pesquisadores, ativistas e integrantes de associações da sociedade civil que atuam em diferentes países em defesa do transporte público.

A troca de informações e os debates foram uma amostra da diversidade de ideias e perspectivas possíveis em torno do tema. Mais do que uma oportunidade, tentar compartilhar um pouco do que foi discutido passou a ser quase uma obrigação. Entrar em contato com uma diversidade tão rica de abordagens possíveis levou à ideia de sistematizar experiências de passe livre não só do exterior, mas também do Brasil.

Durante a pesquisa, a discrepância entre dois modelos possíveis de mobilidade foi ficando mais e mais evidente. De um lado, a experiência de cidades que adotaram a tarifa zero, valorizando o bem comum e procurando garantir direitos. Do outro, a reconfiguração do trânsito das metrópoles em que o transporte ainda é entendido como um serviço, com priorização de soluções individuas imediatistas e proliferação de aplicativos de transporte.

O autor trabalhou de 2011 a 2014 como coordenador de jornalismo da organização não governamental Repórter Brasil, especializada em combate ao trabalho escravo contemporâneo e em denunciar violações trabalhistas. A experiência acumulada sobre o tema durante o período ajudou a perceber a gravidade da precarização generalizada de motoristas e entregadores em curso no novo modelo de negócio adotado por multinacionais como Uber e similares.

Desde 2015 como coordenador da Fundação Rosa Luxemburgo, organização de formação política com escritórios na África, América, Ásia, Europa e Oriente Médio, tem tido a oportunidade de acompanhar e participar de discussões internacionais como a de Talim. A instituição procura contribuir para a construção de uma sociedade mais democrática e igualitária, promovendo pesquisa, reflexão e debate, e, como parte da equipe no Brasil, o autor recebeu total apoio institucional para avançar com estudos sobre passe livre.

Nesse sentido, fica o agradecimento aos dois diretores que coordenaram o escritório no período de pesquisa e produção do livro, Gerhard Dilger e Torge Löding, que não só apoiaram como se entusiasmaram com cada descoberta e discussão, bem como a toda a equipe. Muitas das ideias aqui apresentadas são resultado de longas e apaixonadas discussões teóricas, troca de *links* e referências.

Obrigado também a Judith Dellheim, a especialista em Economia Solidária do Instituto de Análise Social da Fundação Rosa Luxemburgo em Berlim. Ela tem contribuído de maneira significativa para fortalecer redes internacionais de passe livre e foi quem possibilitou muitas das conexões apresentadas nesta publicação. E a Andy Singer, cicloativista norte-americano que visitou o Brasil em 2018 para apresentar seu livro *CARtoons, atropelando a sociedade do automóvel*. Crítico do rodoviarismo, ele compartilhou sua compreensão de mobilidade como direito humano e fez considerações sobre o impacto da sociedade do automóvel em diferentes partes do mundo, influenciando profundamente este autor.

O capítulo sobre experiências brasileiras contou com apoio das pesquisadoras Mareen Butter e Stefanie Lipf, que, durante o período que trabalharam no escritório de São Paulo da Fundação Rosa Luxemburgo, contataram cada uma das prefeituras brasileiras que adotaram passe livre para confirmar informações técnicas e complementar o levantamento inicial.

BIBLIOGRAFIA

ALAKÜLA, Allan. Free Public Transport Capital: Free Public Transport Nation. *The Progressive Post*, 9 jan. 2019. Disponível em: https://progressivepost.eu/debates/capital-of-free-public-transport-nation-of-free-public-transport. Acesso em: 7 jun. 2019.

ARAUJO, Pedro Xavier de. *A desigualdade social e o planejamento da mobilidade*: o caso da Região Metropolitana de Porto Alegre (1973-2015). Dissertação (Mestrado em Planejamento Urbano e Regional) – Faculdade de Arquitetura, Universidade Federal do Rio Grande do Sul, Porto Alegre, 2017.

BARROS, Carlos Juliano; ANGELI, Caue; MONTEIRO FILHO, Maurício. *GIG*: a uberização do trabalho. Vídeo. *ONG Repórter Brasil*. 2019. Disponível em: https://reporterbrasil.org.br/gig. Acesso em: 11 jun. 2019.

BERGAMO, Giuliana; DE SALVO, Maria Paola. Planos para frear os congestionamentos: entrevista com o secretário de Transportes e presidente da CET e da SPTrans, Alexandre de Moraes. *Veja São Paulo*, 18 set. 2009. Disponível em: https://vejasp.abril.com.br/cidades/planos-para-frear-os-congestionamentos. Acesso em: 7 jun. 2019.

BRASIL. Ministério da Saúde. Secretaria de Vigilância em Saúde. Coordenação-Geral de Informações e Análises Epidemiológicas. *DATASUS*: Sistema de Informações sobre Mortalidade. Disponível em: http://tabnet.datasus.gov.br/cgi/tabcgi.exe?sim/cnv/obt10uf.def. Acesso em: 7 jun. 2019.

BRASIL. Ministério Público Federal. Procuradoria da República no Distrito Federal. *Inquérito Policial n. 01/2016 – GINQ/DICOR/PF*. Brasília, 08 set. 2017. [Denúncia Zelotes]. Disponível em: http://www.mpf.mp.br/df/sala-de-imprensa/docs/denuncia-zelotes-mmp/view. Acesso em: 7 jun. 2019.

BRIE, Michael; CANDEIAS, Mario. Just Mobility: Postfossil Conversion and Free Public Transport. In: ANNUAL MEETING OF THE AMERICAN SOCIOLOGICAL ASSOCIATION ON "CONCRETE UTOPIAS EMANCIPATORY PROJECTS, INSTITUTIONAL DESIGNS, POSSIBLE FUTURES". Denver, 17-20 ago. 2012. Berlim: Institute for

Critical Social Analysis; Rosa Luxemburg Foundation, 2012. Disponível em: https://www.rosalux.de/en/publication/id/5900/just-mobility. Acesso em: 11 jun. 2019.

BUTTER, Mareen. Bus und Bahn zum Nulltarif: kommunistisch oder sexy? *Globustrotter*, 14 set. 2017. Disponível em: https://globustrotter.com/2017/09/14/bus-und-bahn-zum-nulltarif-kommunistisch-oder-sexy. Acesso em: 7 jun. 2019.

CALDEIRA, Teresa Pires do Rio. *Cidade de muros*: crime, segregação e cidadania em São Paulo. São Paulo: Editora 34; Edusp, 2000.

CARVALHO, Carlos Henrique Ribeiro de. Desafios da mobilidade urbana no Brasil. *IPEA*, Brasília, v. 2198, maio 2016. Disponível em: http://www.ipea.gov.br/portal/images/stories/PDFs/TDs/td_2198.pdf. Acesso em: 7 jun. 2019.

CATS, Oded; REIMAL, Triin; SUSILO, Yusak. Public Transport Pricing Policy: Empirical Evidence from a Fare-Free Scheme in Tallinn, Estonia. *Transportation Research Record, Journal of the Transportation Research Board*, Estocolmo, Suécia e Washington (D.C.), jan. 2014. Disponível em: https://www.tallinn.ee/eng/freepublictransport/g13168s70247. Acesso em: 7 jun. 2019.

CERQUEIRA, Daniel et al. *Atlas da violência 2018*. Rio de Janeiro: IPEA; FBSP, 2018. Disponível em: http://www.ipea.gov.br/portal/images/stories/PDFs/relatorio_institucional/180604_atlas_da_violencia_2018.pdf. Acesso em: 7 jun. 2019.

COLE, Stuart. *Trawscymru Free Travel Weekend Trial*: Impact Assessment Study. Cardiff, País de Gales: Report for the Welsh Government, 2017.

COMPANHIA DE ENGENHARIA DE TRÁFEGO (CET). *Acidentes de trânsito – relatório anual*: dados estatísticos dos acidentes de trânsito com vítimas ocorridos no município de São Paulo em 2018. São Paulo: Companhia de Engenharia de Tráfego, 2019.

CRUZ, Maria Teresa; SALVADORI, Fausto. Fotógrafo é atingido por bala de borracha em ato contra aumento de tarifa em São Paulo. *El País*, 17 jan. 2019. Disponível em: https://brasil.elpais.com/brasil/2019/01/17/politica/1547723366_604096.html. Acesso em: 7 jun. 2019.

DAVIS, Mike. *Cidade de quartzo*: escavando o futuro em Los Angeles. Tradução de Renato Aguiar e Marco Rocha. São Paulo: Boitempo, 2009.

DELLHEIM, Judith. "Tarifa Zero por decreto" *versus* projeto de transformação. *Standpunkte*. Berlim: Rosa Luxemburg Stifitung, n. 25, abr. 2017. Disponível em: https://www.rosalux.de/fileadmin/images/publikationen/Standpunkte/Standpunkte_25-2016_port.pdf. Acesso em: 11 jun. 2019.

DESENVOLVIMENTO RODOVIÁRIO S. A. (DERSA). *Estado e União assinam liberação de recursos para Rodoanel Norte*. Disponível em: http://www.dersa.sp.gov.br/comunicacao/noticias/rodoanel-norte/estado-e-uniao-assinam-liberacao-de-recursos-para-rodoanel-norte. Acesso em: 7 jun. 2019.

FERRAZ, Caio Silva; ABREU, Luana de; SCARPELINI, Joana. *Entre Rios*. Vídeo. São Paulo: 2009. Disponível em: https://vimeo.com/14770270. Acesso em: 7 jun. 2019.

FIRMINO, Rodrigo; CARDOSO, Bruno. A uberização da Uber. *Le Monde Diplomatique Brasil*, 2 maio 2018. Disponível em: https://diplomatique.org.br/a-uberizacao-da-uber. Acesso em: 7 jun. 2019.

FUNDAÇÃO ROSA LUXEMBURGO. *Tarifa zero*: perspectivas e exemplos de política de passe livre no Brasil e no mundo. Vídeo. In: FÓRUM SOCIAL MUNDIAL, Salvador, 13-17 mar. 2018. Disponível em: https://www.youtube.com/watch?v=EQW2PmMSv80. Acesso em: 7 jun. 2019.

GRÉGOIRE, Emmanuel. *Fare-Free Public Transport in Paris Region, a Dream?* In: TALLINN'S FREE PUBLIC TRANSPORT CONFERENCE, Paris, 2018.

GREGORI, Lucio et al. *Tribuna de debates*: debates sobre o Projeto Tarifa Zero. São Paulo: Diretório Municipal do PT-SP, 1990.

GREGORI, Márcia Sandoval. *Mobilidade, imaginário e representação na cidade de São Paulo*: materialidades e ações no território do Butantã (1968-2015). Tese (Doutorado em Arquitetura e Urbanismo) – Faculdade de Arquitetura e Urbanismo, Universidade Presbiteriana Mackenzie, São Paulo, 2018.

GUEDES, Pedro. Caracterização da mobilidade urbana do Recife: população, desigualdade, trabalho e emprego. In: CONFERÊNCIA STATE OF THE MAP LATAM, São Paulo, 2016.

GUIMARÃES, Daniel. "Ficou a ideia": entrevista com Luiza Erundina. *Tarifazero.org*, 10 nov. 2009. Disponível em: https://tarifazero.org/2009/11/10/ficou-a-ideia-entrevista-com-luiza-erundina. Acesso em: 7 jun. 2019.

HAHN, Kel. Understanding the Recent Transit Ridership Decline in Major US Cities: Service Cuts or Emerging Modes? *University of Kentucky College of Engineering*, 18 jun. 2019. Disponível em: https://www.engr.uky.edu/research-faculty/research/2019/understanding-impacts-transportation-network-companies-greg-erhardt. Acesso em: 7 jun. 2019.

HART, Joshua. *Driven to Excess*: A Study of Motor Vehicle Impacts on Three Streets in Bristol, UK. Bristol: University of the West of England, 2011.

INRIX. *2018 Global Traffic Scorecard*. Disponível em: http://inrix.com/scorecard. Acesso em: 4 jul. 2019.

INTERVOZES. *Vozes silenciadas*: a cobertura das manifestações de junho de 2013 nos jornais *O Estado de S. Paulo*, *Folha de S.Paulo* e *O Globo*. São Paulo: Intervozes – Coletivo Brasil de Comunicação Social, 2014.

JÄGGI, Max; MÜLLER, Roger; SCHMID, Sil. *Red Bologna*. Londres: Writers and Readers Publishing Cooperative, 1977.

KĘBŁOWSKI, Wojciech. Public Transport Can Be Free. *Jacobin*, 24 ago. 2018. Disponível em: https://www.jacobinmag.com/2018/08/public-transportation-brussels-free-tickets. Acesso em: 7 jun. 2019.

LA INCREÍBLE y triste historia de los bicimensajeros y de los "unicornios" desalmados. *LA Network*, 5 maio 2019. Disponível em: https://la.network/la-increible-y-triste-historia-de-los-bicimensajeros-y-de-los-unicornios-desalmados. Acesso em: 7 jun. 2019.

LEITE, Fabio. Obra viária mais cara de SP, Rodoanel deve ser concluído com custo de R$ 26 bi. *Estadão*, 3 nov. 2017. Disponível em: https://sao-paulo.estadao.com.br/noticias/geral,obra-viaria-mais-cara-de-sp-rodoanel-deve-ser-concluido-com-custo-de-r-26-bi,70002070677. Acesso em: 7 jun. 2019.

LO, Andrea. Los Angeles' Notorious Traffic Problem Explained in Graphics. *CNN*, 28 fev. 2018. Disponível em: https://edition.cnn.com/2018/02/27/americas/los-angeles-traffic/index.html. Acesso em: 4 jul. 2019.

LÖWY, Michael. O Movimento Passe Livre. Tradução de Mariana Echalar. *Blog da Boitempo*, 23 jan. 2014. Disponível em: https://blogdaboitempo.com.br/2014/01/23/o-movimento-passe-livre. Acesso em: 4 jul. 2019.

ŁUGOWSKI, Łukasz. *Poland*: The Unlikely Leader of Free Public Transport. 12. ed. Polônia: Le Monde Diplomatique Edycja Polska, 2017. [Versão traduzida do artigo "Renesans komunikacji zbiorowej".] Publicado originalmente em https://monde-diplomatique.pl/category/2017/nr-12-142/ e hoje disponível em http://lewica.pl/?id=31951&tytul=%A3ukasz-%A3ugowski:-Renesans-komunikacji-zbiorowej. Acesso em: 29 ago. 2019.

MACHADO, Leandro. Dormir na rua, pedalar 30 km e trabalhar 12 horas por dia: a rotina dos entregadores de aplicativos. *BBC News Brasil*, 22 maio 2019. Disponível em: https://www.bbc.com/portuguese/brasil-48304340. Acesso em: 7 jun. 2019.

MARICATO, Erminia; ROCHA, Ronai Pires da. O automóvel e a cidade. *Ciência & Ambiente*. Santa Maria (RS), v. 37: a cultura do automóvel, n. 200, jul./dez. 2018. Disponível em: http://w3.ufsm.br/reciam/sumario.php?IDEdicao=45. Acesso em: 11 jun. 2019.

MOBILIDADE ATIVA. *O impacto das ocorrências de trânsito no sistema de saúde*. Disponível em: http://mobilidadeativa.org.br/o-impacto-das-ocorrencias-de-transito-no-sistema-de-saude. Acesso em: 7 jun. 2019.

MOROZOV, Evgeny; BRIA, Francesca. *Rethinking the Smart City*: Democratizing Urban Technology. Nova Iorque: Rosa Luxemburg Stifitung, 2018. Disponível em: http://www.rosalux-nyc.org/wp-content/files_mf/morozovandbria_eng_final55.pdf. Acesso em: 11 jun. 2019.

MOSCOW Never Sleeps: A Personal Story on Sustainable Mobility Trends in Moscow. *Sustainable Urban Transport Project (SUTP)*, 2 fev. 2017. Disponível em: https://www.sutp.org/en/news-reader/moscow-never-sleeps-a-personal-story-on-sustainable-mobility-trends-in-moscow.html. Acesso em: 4 jul. 2019.

MOVIMENTO PASSE LIVRE (MPL). A violência do aumento da tarifa: e por que estamos nas ruas. *El País*, 22 jan. 2019. Disponível em: https://brasil.elpais.com/brasil/2019/01/18/opinion/1547769111_232247.html. Acesso em: 7 jun. 2019.

MOVIMENTO PASSE LIVRE (MPL). *Licitação das catracas*. 2018: Zine. São Paulo: [s.n.], 2018.

MUCCI, Alex; ERHARDT, Gregory D.; GRAEHLER, Michael. Understanding the Recent Transit Ridership Decline in Major US Cities: Service Cuts or Emerging Modes? In: CONFERENCE: TRANSPORTATION RESEARCH BOARD ANNUAL MEETING, Washington, D. C., jan. 2019. Disponível em: https://www.researchgate.net/publication/330599129_Understanding_the_Recent_Transit_Ridership_Decline_in_Major_US_Cities_Service_Cuts_or_Emerging_Modes. Acesso em: 7 jun. 2019.

NORTON, Peter D. *Fighting Traffic*: The Dawn of the Motor Age in the American City. Cambridge, Massachusetts: MIT Press, 2008. Disponível em: https://mitpress.mit.edu/books/fighting-traffic. Acesso em: 10 jun. 2019.

OLIVEIRA, Dennison de. *Curitiba e o mito da cidade modelo*. Trabalho de Conclusão de Curso (Especialização em Sociologia Política) – Universidade Federal do Paraná, Curitiba, 2011.

ORGANIZAÇÃO MUNDIAL DA SAÚDE (OMS). *Salvar VIDAS*: pacote de medidas técnicas para a segurança no trânsito. Brasília: Organização Mundial da Saúde, 2018. Disponível em: http://iris.paho.org/xmlui/handle/123456789/34980. Acesso em: 11 jun. 2019.

ORGANIZAÇÃO PAN-AMERICANA DA SAÚDE. *Opas/OMS pede que prefeitos novos e reeleitos não aumentem limite de velocidade*. 9 dez. 2016. Disponível em: https://www.paho.org/bra/index.php?option=com_content&view=article&id=5314:opas-oms-pede-que-prefeitos-novos-e-reeleitos-nao-aumentem-limite-de-velocidade&Itemid=839. Acesso em: 11 jun. 2019.

PESCHANSKI, João Alexandre et al. *Cidades rebeldes*: passe livre e as manifestações que tomaram as ruas do Brasil. São Paulo: Boitempo; Carta Maior, 2013.

PINHO. Marina Berhorn de. Passe livre é viável, é possível, é necessário. *Fundação Rosa Luxemburgo*, 9 abr. 2018. Disponível em: https://rosalux.org.br/passe-livre-e-viavel-e-possivel-e-necessario. Acesso em: 7 jun. 2019.

POMPEU, Giuliana. Nota à imprensa: associações de ciclistas e pedestres lamentam o aumento de mortes no trânsito em 2018. *Ciclocidade*, 23 maio 2019. Disponível em: https://www.ciclocidade.org.br/noticias/1035-nota-a-imprensa-associacoes-de-ciclistas-e-pedestres-lamentam-o-aumento-de-mortes-no-transito-em-2018. Acesso em: 4 jul. 2019.

PRINCE, Jason; DELLHEIM, Judith. *Free Public Transit*: And Why We Don´t Pay to Ride Elevators. 2. ed. Montreal: Black Rose Books, 2018.

REQUENA, Carolina. *O paradigma da fluidez do automóvel*: burocracias estatais e mobilidade em São Paulo. Dissertação (Mestrado em Ciência Política) – Faculdade de Filosofia, Letras e Ciências Humanas, Universidade de São Paulo, São Paulo, 2015. Disponível em: http://www.teses.usp.br/teses/disponiveis/8/8131/tde-16062015-124807/pt-br.php. Acesso em: 11 jun. 2019.

RODRIGUES, Artur. Doria endurece regras para protestos e prevê levar mascarados à delegacia. *Folha de São Paulo*, 19 jan. 2019. Disponível em: https://www1.folha.uol.com.br/cotidiano/2019/01/doria-endurece-regras-para-protestos-e-preve-levar-mascarados-a-delegacia.shtml. Acesso em: 7 jun. 2019.

RUSSAU, Christian. *Empresas alemãs no Brasil*: o 7 × 1 na economia. São Paulo: Autonomia Literária; Elefante, 2017. Disponível em: http://empresasalemasnobrasil.com.br. Acesso em: 10 jun. 2019.

SADIK-KHAN, Janette; SOLOMONOW, Seth. *Streetfight*: Handbook for an Urban Revolution. Nova Iorque: Viking, 2016.

SANTINI, Daniel. As capitais brasileiras que mais cresceram no último século. *((o))eco Data*, 30 maio 2013. Disponível em: https://www.oeco.org.br/blogs/oeco-data/27232-as-capitais-brasileiras-que-mais-cresceram-no-ultimo-seculo. Acesso em: 7 jun. 2019.

SANTINI, Daniel. Ex-secretário de Transportes defende tarifa zero. *Outras Vias: Mobilidade Urbana e Bicicletas em São Paulo*, 8 fev.

2011. Disponível em: https://outrasvias.wordpress.com/2011/02/08/ex-secretario-de-transportes-defende-tarifa-zero. Acesso em: 7 jun. 2019.

SANTOS, Boaventura de Sousa; MENDES, José Manuel. *Demodiversidade*: imaginar novas possibilidades democráticas. Belo Horizonte: Autêntica, 2018.

SÃO PAULO. Secretaria da Fazenda e Planejamento. Arrecadação do IPVA 2019 cresce 7% no Estado de São Paulo. *Notícias*, 4 abr. 2019. Disponível em: https://portal.fazenda.sp.gov.br/Noticias/Paginas/Arrecada%C3%A7%C3%A3o-do-IPVA-2019-cresce-7-no-Estado-de-S%C3%A3o-Paulo.aspx. Acesso em: 7 jun. 2019.

SCHALLER, Bruce. *The New Automobility*: Lyft, Uber and the Future of American Cities. Nova Iorque: Schaller Consulting, 2018.

SCHOLZ, Trebor. *Cooperativismo de plataforma*: contestando a economia do compartilhamento corporativa. São Paulo: Autonomia Literária; Elefante, 2016. Disponível em: https://rosalux.org.br/wp-content/uploads/2017/03/cooperativismo-de-plataforma_web_simples.pdf. Acesso em: 11 jun. 2019.

SEGURADORA LÍDER DO CONSÓRCIO DO SEGURO DPVAT S.A. Centro de Dados e Estatísticas. *Boletim Estatístico*. Disponível em: https://www.seguradoralider.com.br/Centro-de-Dados-e-Estatisticas/Boletim-Estatistico. Acesso em: 7 jun. 2019.

SERAPIÃO, Fábio; AFFONSO, Julia. Lula reage à Zelotes, diz que denúncia é inepta e pede absolvição sumária. *Estadão: Blog Fausto Macedo*, 30 out. 2017. Disponível em: https://politica.estadao.com.br/blogs/fausto-macedo/lula-reage-a-zelotes-diz-que-denuncia-e-inepta-e-pede-absolvicao-sumaria. Acesso em: 7 jun. 2019.

SINGER, Andy. *CARtoons*: atropelando a ditadura do automóvel. São Paulo: Autonomia Literária; Avocado Edições, 2017.

SOUZA, Edlene Carneiro de; COIADO, Maurício. *Pesquisa de monitoração da mobilidade no sistema viário principal*: volume e velocidade – 2017. São Paulo: Companhia de Engenharia de Tráfego, 2018.

STRAVA METRO. *Better Data for Better Cities*. Disponível em: https://metro.strava.com. Acesso em: 7 jun. 2019.

TARIFA ZERO É MAIS. *Tarifômetro do busão*. Disponível em: https://tarifometrobh.com.br. Acesso em: 7 jun. 2019.

TOMTOM. *Traffic Index 2018*. Disponível em: https://www.tomtom.com/en_gb/traffic-index/ranking. Acesso em: 4 jul. 2019.

VELOSO, André de Brito. *O ônibus, a cidade e a luta*: a trajetória capitalista do transporte urbano e as mobilizações populares na produção do espaço. Belo Horizonte: Impressões de Minas, 2017.

VOCÊ PODE PAGAR MENOS. *Retomar o busão é possível*. Disponível em: https://www.vocepodepagarmenos.com.br/retomar-o-busao.html. Acesso em: 7 jun. 2019.

WORLD HEALTH ORGANIZATION. *Road Traffic Deaths and Proportion of Road Users by Country/Area*. Disponível em: https://www.who.int/violence_injury_prevention/road_safety_status/2015/TableA2.pdf. Acesso em: 11 jun. 2019.

SOBRE O AUTOR

Daniel Santini é jornalista. Com uma pós-graduação em jornalismo internacional pela PUC-SP, tem estudado sistemas de mobilidade livre em diferentes países e defende a priorização de investimentos em transporte público como melhor estratégia para combater congestionamentos e poluição. Hoje trabalha como coordenador na Fundação Rosa Luxemburgo, contribuindo com parcerias, projetos e publicações no Brasil e no Paraguai.

Como jornalista, escreve há mais de dez anos sobre mobilidade e foi colunista de 2010 a 2013 do site especializado em jornalismo ambiental ((o))eco, onde manteve o blog Outras Vias, sobre bicicletas e transporte coletivo.

Trabalhou nas empresas LANCE!, Rede Globo e TV Record, entre outras, e foi coordenador de jornalismo e editor da organização não governamental Repórter Brasil, especializada em defesa de direitos humanos e combate ao trabalho escravo contemporâneo.

Em 2012, percorreu de bicicleta todo o trecho de terra da Transamazônica como parte do projeto Cicloamazônia.

Este livro foi composto em Minion Pro e DIN Condensed Bold 18.
Tiragem: 2.000 exemplares. São Paulo, setembro de 2019.